DE LA
VIEILLESSE

ÉTUDIÉE

COMME MALADIE,

ET DES

MOYENS DE LA COMBATTRE,

PAR

Léopold TURCK,

DOCTEUR-MÉDECIN,

MEMBRE D'UN GRAND NOMBRE DE SOCIÉTÉS SCIENTIFIQUES

NATIONALES ET ÉTRANGÈRES.

A PARIS,

CHEZ J.-B. BAILLÈRE, RUE HAUTEFEUILLE,

ET A PLOMBIÈRES,

CHEZ VEUVE BLAISE, LIBRAIRE.

1852.

DE

LA VIEILLESSE

ÉTUDIÉE

COMME MALADIE,

ET DES

MOYENS DE LA COMBATTRE.

ÉPINAL, Vᵉ GLEY, IMP.

DE
LA VIEILLESSE

ÉTUDIÉE

COMME MALADIE,

ET DES

MOYENS DE LA COMBATTRE,

PAR

Léopold TURCK,

DOCTEUR-MÉDECIN,
MEMBRE D'UN GRAND NOMBRE DE SOCIÉTÉS SCIENTIFIQUES
NATIONALES ET ÉTRANGÈRES.

A PARIS,

CHEZ J.-B. BAILLÈRE, RUE HAUTEFEUILLE.

ET A PLOMBIÈRES,

CHEZ VEUVE BLAISE, LIBRAIRE.

1852.

AVANT-PROPOS.

La science est-elle assez puissante pour pouvoir prolonger la vie bien au delà de ses limites ordinaires? Beaucoup d'hommes ont inutilement cherché, jusqu'ici, la solution de ce grand problème.

On a essayé de rajeunir les vieillards en les faisant vivre dans l'atmosphère de corps doués de toute la vigueur de la jeunesse. Le roi David en est un exemple fameux. Le grand Boerhave employa le même moyen en faveur d'un vieux bourgmestre d'Amsterdam; mais s'il lui rendit ainsi un peu de force, bien certainement il ne parvint pas à le rajeunir.

Les Grecs ne connaissaient rien de mieux pour prolonger la vie que la tempérance, l'air pur, les bains, les frictions et l'exercice, moyens excellents, sans aucun doute, mais qui sont loin de suffire.

Les alchimistes ne se bornaient pas à chercher la pierre philosophale, qui devait transmuer les métaux en or; ils cherchaient aussi la panacée, le remède à tous les maux, à l'aide duquel nous aurions joui, dès ce monde, d'une sorte d'immortalité. Nous leur devons une foule d'élixirs, de teintures, de préparations de tous genres, conservés dans les pharmacopées et qui témoignent de beaucoup de recherches et d'efforts. Nous leur devons en outre, et je dois le rappeler ici, l'introduction des remèdes chimiques et la découverte de beaucoup d'entre eux : c'est surtout Paracelse qui fit cette importante révolution, Paracelse si enthousiaste et si colère.

« Huc, huc divertere cogemini, s'écrie-t-il, scituri
» nimirum quid philosophia sit, quid alchimia,
» quasve natura præparationes instituat, quove
» modo suos alchimistas illa erudiat. Ubi jam vos
» restitatis apothecarii et sordidi coctores?... quid
» vero fulgetis vos monspessulani? vos lipsenses?
» vos viennenses? »

Plus tard, on avait espéré qu'en substituant le sang d'un jeune animal à celui d'un vieillard, on rendrait à ce dernier les forces de la jeunesse, mais malheureusement la transfusion du sang ne peut se faire que d'homme à homme, elle n'a d'utilité réelle que dans le cas où, sous le coup d'une hémorrhagie grave, la vie se trouve compromise : jamais elle ne rajeunit.

Bien des personnes avaient cru aussi, à l'époque de Mesmer, que le magnétisme animal était appelé à prolonger beaucoup la vie; mais l'expérience est encore venue se prononcer contre ce moyen plus curieux qu'utile.

Faut-il donc renoncer à l'espoir de prolonger la vie, et considérer avec Buffon ceux qui s'y livrent comme des visionnaires?

Je suis bien loin de le croire; j'ai pour moi l'autorité d'un des savants les plus distingués de la fin du siècle dernier, et celle plus imposante encore des faits.

Après avoir affirmé dans son tableau des progrès de l'esprit humain, que la médecine préservative fera disparaître la plupart de nos maladies, l'infortuné Condorcet ajoute « qu'il doit arriver un temps
» où la mort ne sera plus que l'effet d'accidents
» extraordinaires ou de la destruction de plus en plus
» lente des forces vitales, et qu'enfin la durée de
» l'intervalle moyen entre la naissance et cette des-
» truction n'a elle-même aucun terme assignable.
» En effet, cette durée moyenne de la vie, qui doit
» augmenter sans cesse à mesure que nous enfonçons
» dans l'avenir, peut recevoir des accroissements
» suivant une loi telle, qu'elle approche continuel-
» lement d'une étendue illimitée, sans pouvoir l'at-
» teindre jamais. »

Au XIVe siècle, à Paris, d'après Villermé, la moyenne de la vie était de 17 ans : au XVIIe siècle elle était déjà de 26 ans : elle s'élevait à 32 ans au XVIIIe siècle. Enfin, d'après Benoiston de Châteauneuf, elle est aujourd'hui de 39 ans. L'hygiène publique, dans sa marche progressive, fera nécessairement disparaître la plupart des phthisies, des scrofules, les maladies syphilitiques, les fièvres épidémiques et contagieuses, en même temps que la civilisation, en se perfectionnant, augmentera l'aisance générale et améliorera les conditions de la vie, dont la moyenne ne pourra que s'accroître considérablement, sous cette double et puissante influence.

Mais la vie a-t-elle réellement assez de valeur pour que nous devions chercher à en prolonger beaucoup la durée? l'immense majorité des hommes répondra affirmativement à cette question. Le vieillard est souvent accablé par les infirmités les plus pénibles : elles ne l'empêchent pas cependant de tenir beaucoup à la vie et de s'écrier avec Horace : « eheu » fugaces labuntur anni ! »

La plupart des vieillards disent comme ceux de Lucrèce :

> Miser ! oh miser !... Omnia ademit
> Una dies infesta mihi tot præmia vitæ.

Et la vieillesse , malgré ses nombreuses incommodités, conserve cependant encore assez de charmes pour que Cicéron ait pu la vanter comme l'âge le plus heureux. « Eorum autem qui exacta ætate » moriuntur , dit-il , fortuna laudatur. Cur ? nam » reor nullis , si vita longior daretur, posset est » jucundior. Nihil est enim profecto homini prudentia dulcius quam, ut cætera auferat, affert certe » senectus. » Cette opinion de Cicéron sera bien plus vraie si nous parvenons à débarrasser le vieillard de ses infirmités, à lui rendre, en grande partie au moins, la force et la santé de l'âge mûr, conditions sans lesquelles nous ne pourrions pas prolonger beaucoup son existence.

Je sais bien qu'à tous les âges on rencontre des hommes qui disent ne pas tenir à la vie, mais la plupart d'entr'eux, en présence de la mort, se conduisent comme le bûcheron de la fable. Oui, la vie est une chose précieuse, la plus précieuse des choses d'ici-bas ! mais pourra-t-on prolonger beaucoup sa durée ?

Une foule de faits puisés dans l'histoire des temps anciens et des temps modernes, viennent nous prouver que l'homme, par les seuls efforts de la nature, peut arriver à un âge qui laisse bien loin en arrière la moyenne actuelle de la vie. L'art bien dirigé doit avoir la même puissance, et comme on n'a rien fait jusqu'à présent de ce que la science indique pour imiter en cela la nature, nous devons être remplis d'espoir en suivant cette voie nouvelle.

D'après la Genèse, l'homme, avant le déluge, pouvait vivre près de dix siècles. Adam mourut à 930 ans, et Mathusalem, aïeul de Noé, vécut 969 ans. Mais ne peut-on pas dire ici avec Pline l'ancien : « Quæ omnia inscitia temporum acciderunt : annum » enim alii æstate unum determinabunt et alterum » hyeme, alii quadripartis temporibus, sicut arcades, » quorum anni trimestres fuere. » Au rapport d'Hufeland, c'est l'opinion d'Hensler, qui croit que l'année des ancêtres d'Abraham n'était que de trois mois, ce qui réduirait la vie d'Adam à 232 ans, et celle de Mathusalem à 242 ans. Disons cependant que l'opinion d'Hensler n'est pas conciliable avec le verset de la Genèse où, postérieurement à la mort de Mathusalem, l'Éternel dit : « mon esprit ne plai- » dera point à toujours avec les hommes, car aussi » ils ne sont que chair, mais leurs jours seront » 120 ans. » Ce qui, d'après le calcul du théologien allemand, réduirait la moyenne de la vie à 30 ans. Je suis pour le texte non interprété, et j'espère que l'homme *reviendra* bientôt à cette moyenne de 120 ans, c'est-à-dire, à une vie trois fois plus longue que celle de nos populations européennes les plus favorisées. Au surplus, ce qui prouve que le texte de la Genèse ne doit pas être trop légèrement interprété, c'est qu'au chapitre xviie, quand Dieu vint annoncer à Abraham son alliance avec lui, et lui dire qu'il deviendrait le père de nations nombreuses, Abraham, prosterné devant lui, sourit, disant en son cœur : naîtrait-il un fils à un homme âgé de 100 ans, et Sara, âgée de 90 ans, aurait-elle un enfant? Chacun sait que Sara vécut 127 ans et Abraham 175 ans; ils moururent rassasiés de jours.

Pline l'ancien rapporte que le roi Argatonius a vécu 120 ans; Gorgias, 108 ans; Corvinus, 100 ans; Terentia, la femme de Cicéron, 107 ans; Clodia, la femme d'Ofelbus, mère de 15 enfants, 115 ans. Il nous dit que la comédienne Luceia monta pendant 100 ans sur le théâtre. Il nous apprend enfin que, de son temps, il y avait en Italie trois hommes âgés de 140 ans, quatre de 135 à 137 ans, quatre de 130 ans, une femme de 132 ans et une autre de 137 ans.

En 1660, dans le comté d'Yorck, Henri Henkins mourut à l'âge de 169 ans. Thomasparre, autre anglais, mourut en 1635, à l'âge de 152 ans et 9 mois. L'allemand Vundert mourut en 1761, à l'âge de 136 ans. Brisio de Bra était encore domestique à 122 ans; il mourut de faiblesse 6 mois plus tard. Jean Essingham, soldat, puis journalier, mourut à 144 ans; huit jours avant sa mort il fit encore 6 lieues à pied. Le danois Drakenberg, matelot jusqu'à 91 ans, se maria à 111 ans et en vécut 146. Un polonais âgé de 163 ans avait, en 1796, un petit-fils de 95 ans et un fils de 62 ans. Le norvégien Jean Surrington mourut à 160 ans, ayant un fils de 103 ans et un autre de 9 ans. L'écossais Kintigern et le hongrois Czarten vécurent près de 180 ans.

Il existe aussi de nombreux exemples de rajeunissements partiels. Beaucoup de médecins ont vu des yeux devenus presbytes reprendre, après plusieurs années, leur puissance première. Serres *(Burdach ; physiologie)* cite un homme de 72 ans qui, après une fièvre bilieuse et de vives douleurs, eut une nouvelle dent molaire. Jahn en vit une se produire chez un homme de 75 ans. Slave cite un autre homme qui perdit ses dents à 82 ans et en recouvra de nouvelles 3 ans après. Il les conserva jusqu'à sa mort arrivée à plus de 100 ans. Goeze cite une femme de 92 ans chez laquelle, après une maladie grave, parurent de nouvelles dents. Un habitant du Palatinat, qui vécut 120 ans, eut 50 dents qui se produisirent et tombèrent successivement pendant les quatre dernières années de sa vie. L'homme de 82 ans, cité par Slave, vit reparaître avec ses dents des cheveux colorés comme au temps de sa jeunesse, à la place de cheveux gris. On a recueilli plusieurs autres faits de ce genre. Kahleid a connu une femme qui perdit ses règles à 45 ans et les vit reparaître régulièrement à 74 ans. Bersntein parle d'une autre femme dont les règles avaient paru à 20 ans, qui eut un enfant à 47 ans, un dernier à 60 ans ; ses règles cessèrent peu après pour recommencer à 75 ans et se continuer jusqu'à 99 ans. Sara, on se le rappelle, eut Isaac à 91 ans.

Il est légitime de conclure de tous ces faits que la science doit pouvoir prolonger beaucoup la vie, et non-seulement retarder l'arrivée de la vieillesse, mais lui faire faire des pas rétrogrades quand elle est déjà venue. Aussi, je n'hésite pas à demander à notre art les moyens de réaliser de telles et de si grandes espérances.

Mon travail ne sera sans doute qu'une faible ébauche, mais n'aurait-il d'autre utilité que celle d'appeler les méditations dés savants sur le grave sujet dont je m'occupe, que j'aurais encore à me louer beaucoup de l'avoir entrepris.

Peut-être lui devra-t-on aussi de voir, dans différents pays, quelques riches amis de l'humanité fonder des établissements pour la vieillesse, où l'on réunirait et où l'on appliquerait facilement tous les moyens que j'indique pour la combattre.

Il faudrait, attenant aux habitations, de beaux et grands jardins abrités contre les vents froids et les émanations délétères, et recouverts en partie de verre, afin d'offrir pendant les saisons froides à leurs vieux ou faibles promeneurs une température tropicale.

De tels établissements seraient un grand bienfait pour les vieillards et les personnes à mauvaise santé habituelle. On pourrait avoir ainsi aux portes de Paris, de Vienne ou de Londres le climat et la riche végétation des contrées les plus chaudes du monde, réunis à toutes les autres ressources de l'hygiène et de la médecine.

Quelques-uns de mes lecteurs me reprocheront peut-être de ne pas avoir donné, au moins en notes, la traduction des citations latines que j'ai faites ; mais si elles appuient mon texte elles ne sont pas nécessaires à son intelligence : d'un autre côté, mes confrères savent tous le latin, et c'est à eux surtout que s'adresse cet ouvrage.

DE

LA VIEILLESSE

ÉTUDIÉE

COMME MALADIE.

CHAPITRE Ier.

De la Vieillesse.

La vieillesse nous enlève, les uns après les autres, tous les priviléges qui font aimer la vie : beauté, force, amour, intelligence, pour les remplacer par la caducité et la décrépitude. Sanctorius a donc pu dire d'elle : « senectus revera est ægritudo. » Oui, la vieillesse est une maladie, et la plus grave de toutes, puisque son issue est toujours funeste, et que, de dégradation en dégradation, elle nous conduit inévitablement à la mort.

Richerand nous trace, dans sa physiologie, le tableau des modifications qui caractérisent la vieillesse : diminution de la sensibilité, affaiblissement général, digestions mauvaises, absorption difficile, nutrition imparfaite, oblitération des vaisseaux lymphatiques, lenteur et raideur dans tous les mouvements, appauvrissement de tous les organes, diminution de la chaleur du corps, ainsi qu'Hippocrate l'avait déjà remarqué.

Adelon entre dans plus de détails peut-être sur les accidents de l'âge avancé, et il ajoute, à tous ceux déjà décrits par Richerand, l'atrophie des poumons.

Burdach, après avoir établi la nécessité de la mort à une époque déterminée, parce que la vie a commencé à une autre époque, reconnaît cependant, par l'examen des faits, que l'existence est maintenant plus assurée dans toute son étendue, et qu'elle est même prolongée dans certains lieux par suite des progrès de la médecine, par suite aussi de la propagation des lumières et de l'adoption d'un meilleur genre de vie; ainsi à Genève, par exemple, la moyenne de la vie n'était que de 18 ans et 5 mois au XVIe siècle; elle est maintenant de 38 ans et 10 mois. Burdach ne peut donc pas, malgré la loi qu'il a posée, déterminer au juste l'époque de la mort nécessaire. Sa doctrine est du reste assez semblable à celle de Sénèque qui disait : « toties et quocumque me verto, argumenta senectutis meæ video. Nemo est nunc qui fuit pridie. Corpora nostra rapiuntur fluminum more. »

Muller, dans l'étude de la caducité des corps organiques, dit : « la question de savoir pourquoi les corps organisés périssent, et pourquoi la force organique passe des parties productives qui meurent dans les jeunes produits vivants de ces corps, est une des plus ardues de la physiologie générale. Nous ne sommes pas en état de résoudre l'énigme, et tout ce que nous pouvons faire c'est d'exposer la succession des phénomènes. »

Longet, après avoir décrit les altérations des tissus et des sécrétions chez les vieillards, ainsi que l'affaiblissement de leurs facultés intellectuelles, ajoute : « ainsi les années se succèdent pour eux et chaque pas que le temps fait rapproche le terme de leur carrière, chaque heure leur apporte une ride nouvelle, une nouvelle faiblesse, un nouveau regret; leur corps, exagérant tous les caractères que nous avons tracés, tombe dans la décrépitude; leur colonne vertébrale, trop faible pour les soutenir, leur fait prendre cette attitude courbée qui les rapproche de la terre; et pourtant leur amour pour la vie augmente par le danger qu'ils courent de la perdre à chaque instant; la mort leur inspire le plus grand effroi. Mais, inexorable, celle-ci marchant toujours, les saisit, et bientôt a sonné pour eux l'heure suprême. »

> Ipsa quoque assiduo labuntur tempora motu,
> Non secùs ac flumen : neque enim consistere flumen
> Nec levis hora potest; sed ut unda impellitur undâ,
> Urgeturque eadem veniens, urgetque priorem;
> Tempora sic fugiunt pariter, pariterque sequuntur,
> Et novà sunt semper . . . .
>
> Ovidius.

Jusqu'ici, on le voit, la science fait défaut; mais c'est qu'elle a été mal interrogée. « Les modernes, dit Hufeland, dans sa *Macrobiotique,* ont singulièrement perfectionné et rectifié leurs notions sur la nature de la vie organique et ses conditions; il ne peut qu'être utile de faire servir ces nouvelles connaissances au développement d'un sujet qui présente tant d'importance, et d'établir ainsi l'art de prolonger la vie sur les principes de la physique animale, afin d'en déduire des règles de conduite plus sûres. » C'est à ce point de vue que je me place pour étudier mon sujet.

Les premiers symptômes de la vieillesse sont des rides légères, quelques cheveux gris ou la chute des cheveux. Il est rare que dans nos climats on arrive à 30 ans sans les apercevoir, puis chez beaucoup de personnes sédentaires survient un embonpoint exagéré, les rides augmentent, la vue s'affaiblit, les dents s'altèrent, les cheveux blanchissent, la puissance sexuelle diminue, la taille se courbe, la main tremble, les jambes deviennent chancelantes, la tête vacille, tous les sens sont émoussés, enfin l'imbécilité vient trop souvent remplacer la raison : c'est ce qui a fait donner le nom d'enfance à ce triste état de l'extrême vieillesse, c'est la démence sénile.

A mesure que ces désordres se produisent, on voit diminuer la transpiration insensible, la respiration devient aussi de moins en moins complète, la circulation s'embarrasse, toutes les sécrétions s'altèrent, et, comme le dit Buffon, « le corps meurt peu à peu et par parties, son mouvement diminue par degrés, la vie s'éteint par nuances successives et la mort n'est que le dernier terme de cette suite de degrés, la dernière nuance de la vie. »

Les maladies de la vieillesse sont nombreuses; elles ont été souvent étudiées mais comme causes : il eût été bien plus philosophique et bien plus utile de les étudier comme effets. Sur 390 personnes âgées de 60 à 90 ans dont il a fait l'autopsie, Prus a trouvé 149 maladies des organes respiratoires, 101 maladies

des centres nerveux, 64 maladies des organes cir-
culatoires, 49 maladies du tube digestif, 8 maladies
du foie et de ses annexes, 19 maladies non classées.
(Mémoires de l'Académie de médecine.)

Si nous interrogeons les restes des vieillards, nous
remarquons d'abord que leur peau est molle,
flasque, sèche et ridée; les muscles sont décolorés,
mous et amincis; leur cerveau est très-ferme et son
système veineux très-développé, comme celui du reste
du corps; les nerfs ont diminué de volume et sont
endurcis; les poumons grisâtres sont beaucoup moins
pesants, leurs cellules, bien moins nombreuses, sont
très - élargies et contiennent beaucoup moins de
capillaires sanguins; le cœur est rapetissé, pâle et
mou, souvent entouré de graisse; les artères ont
un moindre calibre, elles sont raides, cassantes,
cartilagineuses et souvent ossifiées; les veines, dis-
tendues par beaucoup de sang, sont souvent vari-
queuses, elles sont amincies, molles et roulantes;
les épiploons et le mésentère sont chargés de graisse;
l'estomac et les intestins sont agrandis, mous et
amincis; il en est de même de la vessie et de la
vésicule biliaire; les glandes sont pâles et molles;
l'œil aplati ne distinguait plus que les objets éloignés;
tous les autres organes des sens sont plus ou moins
altérés; les os sont plus compactes et plus denses,
mais leurs cavités intérieures sont agrandies, souvent
ils se soudent entre eux; à cette époque de la vie
les cartilages, les tendons s'ossifient de même que
le larynx, la trachée artère, les premières divisions
bronchiques et quelquefois les plèvres, la dure-mère
et les artères elles-mêmes.

CHAPITRE II.

Des fonctions de la peau.

Pour bien comprendre l'action de la vieillesse et pour découvrir le traitement à lui opposer, il faut nécessairement l'étudier à son début dans l'organisation; mais comme c'est sur la peau d'abord qu'elle commence ses ravages, nous devons, avant tout, étudier les fonctions de cette vaste membrane et ses rapports avec le reste de l'économie.

La peau est le plus important de nos organes, il est aussi le premier créé; le plus simple des infusoires, le protée, qui n'a que de 5 à 40 centièmes de millimètres en largeur, n'est qu'une petite boule de peau, qui vit en absorbant les aliments et l'air dissous dans le liquide ambiant. L'hydre n'est aussi composé que de peau; c'est un polype en forme de sac, que l'on peut impunément retourner ainsi que l'a démontré Tremblei. La peau qui était à l'extérieur devient estomac et digère, tandis que l'ancien estomac devient la peau de l'animal, sécréte et respire; mais, chose plus curieuse encore, la vie est si également répartie chez ce polype que, si on le coupe en plusieurs morceaux, chacun d'eux continue à vivre et se développe en un animal parfait; nul autre organe n'a ce merveilleux privilége, c'est que nul autre ne résume aussi complétement la vie que le fait la peau;

aussi conserve-t-elle dans toute l'étendue de la série animale l'importance la plus grande. Tous les observateurs l'ont reconnu, et la plupart des vieux peuples qui existent encore ont conservé, dans leur hygiène, les moyens que l'antiquité employait pour entretenir les fonctions de la peau, pour ralentir l'affaiblissement de cette membrane. Ainsi les Russes, les Orientaux, les Africains de l'est et du nord font encore un fréquent usage des bains de vapeur, des frictions et du massage.

C'était empiriquement que l'on était arrivé à soigner ainsi la peau, et, tout en sachant bien que ses fonctions étaient d'une haute valeur dans l'économie, on était loin de se douter de leur étendue, lorsqu'au commencement du XVII⁰ siècle, Sanctorius publia ses belles recherches de statistique médicale et démontra, à l'aide de la balance, que la transpiration insensible peut enlever jusqu'aux 5/8ᵉˢ en poids de nos aliments et de nos boissons.

A la fin du siècle dernier, Lavoisier et Seguin répétèrent ces expériences et arrivèrent, en les variant, à constater que les 11/18ᵉˢ de la transpiration insensible sont dus à la peau et le reste aux poumons. La peau est donc chargée de séparer de notre sang près de la moitié de nos aliments et de nos boissons.

En effet, d'après Béquerel, la moyenne de la quantité d'urine rendue par l'homme en 24 heures serait de 1227 grammes ; Adelon et d'autres physiologistes admettent que le poids moyen de la matière fécale rendue en 24 heures, est de 144 grammes, soit pour ces deux produits 1371 grammes. Si l'homme boit, par jour, un kilogramme et demi de vin et d'eau, il mange un kilogramme de pain et un

kilogramme et demi d'autres aliments ; en tout
4 kilogrammes; en en distrayant 1371 grammes, qui
représentent les urines et les fèces, il reste pour la
transpiration insensible 2 kilogrammes 629 grammes,
soit 1606 grammes pour la peau seule.

Thénar, en analysant la sueur humaine, l'a trouvée
composée d'eau, d'acide acétique, de chlorure et de
phosphate de chaux et d'un peu de fer. Berzélius
y a trouvé de l'acide lactique, du lactate de soude,
du chlorure de soude, du chlorure de potasse; enfin
Anselmino y a rencontré de l'acide carbonique, de
l'acide acétique et de l'ammoniaque. Nous savons que,
dès les premiers degrés de l'échelle animale, la peau
a la puissance de sécréter des sels de chaux extraits
des aliments ; les coraux en sont un grand et curieux
exemple ; dans un rang plus élevé de l'organisation
nous trouvons les coquilles qui enveloppent la
plupart des mollusques.

Sanctorius était donc fondé à dire : « caro animata
cur vivit et non putrescit ut mortua? Quia quotidie
renovatur. Cur pueri diutius quam senes vivere
possunt? Quia sæpius possunt renovari incipientes ab
infimo totius latitudinis pondere usque ad ultimum. »

La peau ne doit pas être considérée seulement
comme une sorte de crible, destiné par la nature à
séparer de notre corps les matières devenues im-
propres à la vie ; on oublierait alors que la peau,
à elle seule, peut constituer un animal inférieur,
et on ne tiendrait pas compte non plus des faits
nombreux que la physiologie et la pathologie ont
enregistrés, et qui prouvent que si la peau est
tout chez l'infusoire et le polype dont j'ai parlé, elle
conserve encore chez l'homme le premier rang dans
l'organisation.

En effet, que la peau soit habituellement échauffée par un soleil ardent, et vous avez l'imagination vive et les passions violentes des hommes du midi; tout le contraire a lieu si elle est baignée par un air humide et froid sous un ciel peu éclairé; qu'une vaste et forte insolation brûle la peau de la face et du col, ou qu'un large érysipèle se développe sur les mêmes régions, le plus souvent alors il se déclare un violent délire, un véritable accès de folie; mais couvrez cette peau enflammée avec des linges imbibés d'eau froide, pure ou acidulée, à l'instant même vous faites renaître le calme; exposez la peau à un froid rigoureux, à mesure qu'elle en éprouve l'influence vous voyez l'imagination s'amoindrir et bientôt s'éteindre, pour faire place au sommeil avant-coureur de l'asphyxie, de la mort; réchauffez la peau, et la vie reprend toute sa puissance.

Mais bien plus, enduisez la peau d'un vernis imperméable, comme l'a fait le docteur Foucault, opposez-vous ainsi à sa transpiration, vous la voyez alors se refroidir et l'animal périt au bout d'un petit nombre d'heures.

Si, au lieu d'étendre cet enduit sur la totalité de la peau, vous n'en couvrez qu'une de ses régions, là où s'est développé de l'inflammation et de la douleur, à l'instant même le calme renaît.

Tous ces faits témoignent bien haut de la puissance que la peau conserve dans notre organisation; mon frère aîné a ajouté encore à ce que l'on savait des fonctions de cette membrane; il a démontré, dans son *Traité de la goutte et des maladies goutteuses,* que la cellule animale la plus simple, tant qu'elle n'est pas blessée, est un isoloir électrique, et que, dans la peau de l'homme vivant et sain, on trouve toujours de l'électricité négative à l'état de tension, en quantité d'autant plus grande que la peau a plus de puissance, que ses sécrétions sont plus actives : c'est à cette électricité que la peau doit de pouvoir séparer du sang qui la baigne et chasser loin d'elle sa transpiration acide, électro-négative aussi, et en vertu de la loi qui veut que deux corps électrisés de la même manière se repoussent. Je n'ai pas besoin de dire que l'électricité animale est continuellement produite par toutes les transformations que subit la matière pendant la vie. Mon frère, en découvrant la principale fonction du tissu cellulaire, a découvert aussi la loi des sécrétions organiques ; il a saisi, dans l'une de ses sources les plus puissantes, la nature et la cause du fluide nerveux.

La peau est donc chargée de séparer du sang plus du tiers de nos aliments et de notre boisson ; elle exerce sur le système nerveux la plus grande influence et lui fournit la plus grande partie des forces qui l'animent ; dès qu'elle s'affaiblit, elle laisse dans notre sang des substances dont le moindre danger est de se transformer en une graisse incommode et d'augmenter la densité de nos os, en hâtant de beaucoup ainsi les progrès de la vieillesse, mais qui surtout nous prédisposent à la goutte, à l'apoplexie et à une foule d'autres maladies, qui reconnaissent pour première cause la mauvaise élaboration du sang ; les plus étroites sympathies, du reste, lient la peau à l'économie tout entière.

CHAPITRE III.

De la Digestion.

Le tube intestinal a des rapports si étroits avec la peau, il exerce une influence si considérable sur la durée de la vie, par la manière plus ou moins sage dont nous savons satisfaire à ses besoins, que je crois devoir exposer rapidement ici les principaux actes de la digestion.

L'aliment introduit dans la bouche doit y être broyé et, dans tous les cas, mélangé à la salive, que les glandes chargées de la fournir produisent alors en abondance. On sait que c'est principalement par l'intermédiaire de la salive que les aliments font naître la sensation du goût; dans son écume elle emprisonne de l'air qui, entraîné avec le bol alimentaire, fournit son oxygène au sang de la muqueuse intestinale, et vient ainsi en aide, quoiqu'à un faible degré, à la respiration; elle humecte les aliments et les rend plus faciles à avaler; c'est sous son influence qu'une partie de la fécule qu'ils contiennent est convertie en sucre. Il est donc déjà, au point de vue de l'insalivation seulement, d'une grande importance de mâcher beaucoup : au surplus, Dieu lui-même nous avertit de cette importance, en donnant, à toute une tribu de mammifères, quatre estomacs au lieu d'un, avec la faculté de ruminer ou de mâcher une seconde fois les aliments qui l'ont été déjà une première, et tout cela en échange de huit dents incisives, qu'il a refusées à la mâchoire supérieure de ces animaux.

Quand les aliments sont arrivés dans l'estomac, ils y provoquent immédiatement la sécrétion du suc gastrique; il est acide et il le doit aux acides acétique et hydrochlorique, que l'on y trouve en liberté, à côté de sels et de matières animales (voyez Tiedman et Gmelin). Ce suc est le dissolvant par excellence des aliments; mais s'ils n'ont pas été suffisamment broyés dans la bouche, le suc gastrique, ne pouvant les attaquer pour la plupart que par leur surface, met d'autant plus de temps à les réduire en bouillie, en chyme, qu'ils sont en morceaux plus considérables, et comme les fonctions de la peau sont singulièrement ralenties pendant que l'estomac digère, moins on mâche ses aliments, plus la digestion est lente, plus la suppression des fonctions de la peau se trouve prolongée. Nous connaissons déjà les inconvénients graves qui résultent de ce désordre et parmi lesquels il faut compter surtout la goutte, l'apoplexie et tous les accidents qu'entraîne une vieillesse précoce; il en est de même encore si on mange trop ou de trop de mets à la fois. « Non te effundas, dit l'Ecclésiaste, super omnem escam, in multis enim escis infirmitas. » « Tria mala eveniunt, dit Sanctorius, ob ciborum varietatem; nimium comeditur, minus coquitur et minus perspiratur. » Il faut aussi éviter de trop boire en mangeant, et de boire quand la digestion se fait, car on étend trop ainsi le suc gastrique et on ralentit d'autant la dissolution des aliments. « Aquæ potatio insensibilem perspirationem impedit... Potus inter prandium et cœnam nocet.... Nihil magis impedit perspirationem, dit encore Sanctorius, quam potus dum fit chylus. » Mais nous reviendrons sur ce sujet à l'occasion de l'obésité.

Les aliments réduits en une pâte nommée chyme sont acides à leur sortie de l'estomac; ils perdent bientôt ce caractère par leur mélange à la bile et au suc pancréatique; ce dernier, d'après les expériences de M. Bernard, a pour principale fonction d'agir sur les huiles et les graisses, de les altérer et de permettre ainsi qu'elles soient digérées par l'intestin.

D'après Berzélius, 165 grammes d'excréments humains ne renferment que 10 grammes de bile, mais un homme en sécrète chaque jour de 500 à 750 grammes; le reste de ce liquide est donc absorbé par le tube intestinal et rentre ainsi dans la circulation. L'eau forme les $9/10^{es}$ du poids de la bile, le dixième restant contient de 60 à 69 p. 0/0 de carbone, de 8 à 9 p. 0/0 d'hydrogène, 4 p. 0/0 de soude et de carbonate de soude, 8 p. 0/0 de sel marin, de lactate, de phosphate de soude et de chaux. La bile est donc éminemment combustible ; d'après Liebig, toute sa soude retourne des intestins dans l'organisme, et avec elle les substances combustibles qu'elle tient en dissolution, et qui fournissent ainsi une partie considérable des matières que brûle l'oxygène inspiré.

C'est dans les climats chauds, et chez nous dans les saisons chaudes, que le foie est le plus exposé aux maladies. La température élevée, en donnant à l'air la faculté de dissoudre une grande quantité d'eau et en augmentant son volume, diminue, par conséquent, la quantité d'oxygène que la respiration est chargée de fournir à l'économie : d'un autre côté, la température extérieure nous rend moins nécessaire la production de beaucoup de chaleur dans l'intérieur de nos organes. Si donc, dans ces conditions nouvelles, on mange autant qu'en hiver, il en résulte que le foie, chargé de s'emparer d'une partie du carbone fourni par la digestion, et qui lui est amené par la veine porte, en trouve beaucoup au delà de nos besoins. La bile alors surabonde et devient bientôt une cause grave de maladies, principalement pour l'organe chargé de la sécréter, à moins que le carbone ne se dépose sous forme de graisse dans le tissu cellulaire, ou qu'un travail soutenu, en activant la respiration, active aussi la combustion de ce carbone.

A mesure que nous avançons dans l'étude des principales fonctions de la vie, nous voyons combien la sobriété, si vantée par les sages, si négligée par le plus grand nombre des hommes, a d'importance. Nous aurons bientôt de nouvelles occasions de le constater.

CHAPITRE IV.

De la Respiration.

Il n'y a aucun appareil de digestion ni de respiration chez les animaux les plus simples. Chez
eux, ainsi que j'ai déjà eu l'occasion de le dire, la
peau s'empare des aliments et de l'air indispensables
à l'entretien de la vie, et qui sont dissous dans le
liquide ambiant. Chez l'hydre, la peau, en pénétrant dans l'intérieur du corps, devient un tube
digestif, sans rien perdre de ses propriétés normales.
Chez beaucoup d'animaux inférieurs, des appendices
de la peau, les cils des infusoires, les bras des po-
lypes, viennent aider, par le renouvellement de l'air,
à la respiration que la peau seule est chargée d'accomplir. On voit ensuite se produire sous beaucoup
de formes, des branchies extérieures ou des sacs,
dans lesquels l'eau pénètre pour y fournir l'oxygène
qu'elle tient en dissolution ; puis arrivent l'appareil
respiratoire si parfait des insectes, avec ses stigmates
et ses nombreuses trachées, les branchies et les
poumons des mollusques, les branchies des poissons,
les poumons encore sacciformes des reptiles, enfin
les poumons des oiseaux et ceux des mammifères.
Mais chez tous les animaux, quelque faible ou
quelque puissant que soit leur appareil respiratoire,

la peau continue à respirer. Elle est pénétrée par l'air qui abandonne son oxygène au sang qui la parcourt, et elle rejette de l'acide carbonique. Sa respiration, dans les classes élevées, est sans doute de beaucoup inférieure à celle des poumons. Spallanzani et Edwards, dans leurs recherches sur les rapports de l'air avec les êtres organisés, ont démontré que la peau respire d'autant moins que les poumons respirent davantage ou sont plus développés.

Tous les médecins savent que le refroidissement subit de la peau suffit pour amener une inflammation violente des poumons, et que son refroidissement lent et longtemps continué produit, dans leur tissu, le dépôt de tubercules que remplacent plus tard des ulcérations presque toujours mortelles.

Les poumons sont composés, chez l'homme comme chez les autres mammifères, d'un parenchyme tissu de canaux aériens, bronches et ramuscules bronchiques, se terminant par des cellules ayant chacune, au rapport de Reisseisen, une artère et une veine séparées par des vaisseaux capillaires. A mesure que l'homme vieillit, ces cellules diminuent de nombre et s'agrandissent. La respiration du vieillard se rapproche alors de celle des reptiles. L'abaissement de sa température est le résultat nécessaire de cette diminution de l'étendue des surfaces aériennes : on ne sait pas si cet accident est dû à la destruction de parois intra - cellulaires, ou à l'agglutination de plusieurs de ces parois entre elles. On n'a rien fait jusqu'ici non plus pour prévenir cette modification fâcheuse, ou du moins pour en retarder la venue, de même qu'il n'a pas été indiqué de soins particuliers pour en diminuer les mauvais effets.

Aucun médecin n'ignore que l'oxygène de l'air inspiré est attiré par le fer contenu dans les globules du sang veineux, et qui s'y trouve à l'état de carbonate de protoxyde. (Liebig, *ch. org.*) L'oxygène chasse l'acide carbonique de sa combinaison; il change le protoxyde en deutoxyde, et donne au sang artériel la couleur rouge que celui-ci conserve jusqu'à son arrivée dans les capillaires, où il fournit aux nombreuses transformations de la vie leur principal agent. C'est là que se brûlent l'hydrogène et le carbone puisés par la digestion dans nos aliments. Les travaux de Boussingault et de Dumas, les expériences de Liebig, ont jeté un très-grand jour sur cette question et ont prouvé que les aliments devaient être séparés en deux classes : ceux qui ne sont destinés qu'à entretenir la respiration et qui sont brûlés et chassés de l'économie sous forme d'acide carbonique et d'eau, ou bien déposés sous forme de graisse dans le tissu cellulaire, et ceux qui fournissent à l'entretien, à la réparation de nos tissus, avec lesquels ils ont la plus grande analogie de composition. Parmi les premiers on range la graisse, le sucre, l'amidon, la gomme, la pectine, la bassorine, le vin, la bière et l'eau-de-vie ; parmi les seconds, la fibrine, l'albumine, la caséine végétale, le lait, la chair et le sang des animaux.

Prout a démontré par ses expériences que, sous l'empire d'un exercice modéré, les poumons rejettent plus d'acide carbonique que pendant le repos ou pendant un exercice trop violent. On comprend dès lors toute l'importance du régime et de l'exercice. En effet, si on ne se nourrissait que d'aliments azotés, ils ne fourniraient pas assez de chaleur à l'économie.

Si, au contraire, on ne mangeait que des aliments riches en carbone et en hydrogène, ils entretiendraient bien la chaleur du corps, mais ils ne le restaureraient pas. Les animaux qui sont exclusivement nourris avec ces derniers aliments meurent tous d'inanition.

Si l'on mange assez d'aliments azotés, mais trop d'aliments hydrocarbonés, la quantité d'hydrogène et de carbone de ceux-ci, qui dépasse ce que l'oxygène du sang peut en brûler, se dépose ordinairement en graisse dans nos tissus, ou bien elle forme une quantité considérable de bile, elle altère ainsi la composition du sang et elle amène des fièvres dites bilieuses ou des maladies du foie.

Si, au contraire, les aliments hydrocarbonés étant en quantité convenable, on mange trop d'aliments azotés, ils produisent bientôt la pléthore et tous les accidents qui l'accompagnent. Enfin, si l'on ne fait pas un suffisant exercice, quoique les aliments se trouvent en proportion et en quantité convenables, la respiration diminue d'étendue, le sang s'altère encore ou la graisse surabonde, et, dans l'un ou l'autre cas, la vieillesse, escortée d'une foule d'infirmités graves, ne fait que précipiter sa marche. Parmi ces infirmités, je dois signaler ici les calculs des reins et de la vessie. Quand on mange beaucoup d'aliments gras et féculents, d'aliments de respiration, ou quand on boit beaucoup de liqueurs alcooliques, l'oxygène du sang ne se trouve plus en proportions suffisantes pour oxyder les produits résultant de la métamorphose des tissus, l'acide urique vient remplacer une partie de l'urée dans les urines, et fournir ainsi un de ses composants aux calculs d'urate d'ammoniaque. Cela a lieu surtout quand , dans les conditions alimentaires que je viens de poser, on ne prend pas d'exercice. Si dans ces mêmes conditions on s'exerce un peu , l'acide oxalique remplace l'acide urique, et l'on voit se former alors les calculs muraux. *(Voyez Liebig , Ch. org.)* A l'aide d'un bon régime on peut donc éviter ces graves et douloureuses maladies.

CHAPITRE V.

Du Logement.

La première condition pour vivre longtemps, c'est d'avoir un logement sec, où l'air soit suffisamment renouvelé, où la lumière puisse arriver facilement, et qui, dans nos pays froids, soit bien exposé au soleil. Celse le recommandait également aux Romains. « Habitare vero ædificio lucido per flatum » æstivum, hibernum solem habente... »

Rien ne diminue plus la transpiration insensible qu'un air humide qui, déjà saturé d'eau, ne peut plus dissoudre celle de la transpiration ; cet air, éminemment conducteur de la chaleur et de l'électricité, les soutire sans cesse de la peau, et nous affaiblit ainsi doublement, en même temps qu'il altère, qu'il vicie nos humeurs. L'air humide engendre la phthisie, les scrofules, les rhumatismes, il hâte beaucoup l'arrivée de la vieillesse, il l'accable d'infirmités, il abrége singulièrement la vie.

Le logement doit être assez vaste pour que l'air n'y soit pas corrompu par la transpiration de ceux qui l'habitent. Chaque homme a besoin de 6 mètres cubes d'air par heure : ainsi, pour un homme seul, une chambre à coucher bien close doit contenir de 40 à 45 mètres cubes, ou bien elle doit être pourvue d'un système de ventilation qui complète cette quantité d'air, si la chambre est trop petite. Mais que de fois ne voyons-nous pas une famille entassée là où vivrait à peine un homme! Alors, le jour comme la nuit, ce logement a une odeur nauséabonde : on y vieillit vite, exposé aux scrofules, à la phthisie, à la fièvre typhoïde, aux fièvres pernicieuses, à toutes les maladies enfin que l'air infect provoque.

La lumière est un excitant spécial des fonctions de la peau que rien ne remplace, chez les personnes faibles et sédentaires surtout. J'ai soigné pendant 20 ans, au Poirmont, une femme naturellement très-forte, qui était tombée malade six mois après son mariage et qui avait toujours souffert depuis. Il y avait dix ans déjà que sa santé était perdue, quand je commençai à lui donner des soins. La chambre qu'elle habitait était vaste mais sombre. Elle n'était éclairée que par une très-petite fenêtre au levant, et cette fenêtre était encore ombragée par des arbres. J'avais inutilement demandé que l'on ouvrît au midi de cette chambre une grande fenêtre. La malade mourut et fut bientôt remplacée par sa bru, femme aussi très-forte, très-bien portante jusque-là. Mais peu de mois après son entrée dans la maison de sa belle-mère, elle y tomba malade, et je la soignais depuis deux ans quand, sous peine de l'abandonner, j'exigeai l'ouverture de la fenêtre que je demandais depuis si longtemps. Cette fenêtre fut faite et depuis lors ma cliente jouit de la meilleure santé. Que les dames du monde, qui se couchent au lever du soleil et se cachent alors sous de quintuples rideaux, méditent cette observation. Elles ne s'étonneront plus des accidents qui tourmentent la plupart d'entre elles.

Les anciens connaissaient toute la valeur de la lumière, au point de vue de la conservation de la santé. Les Grecs avaient institué des bains de soleil qu'ils nommaient *héliosis*. Pline le jeune, en rendant compte à Calvisius des habitudes de Spurina, vieillard qu'il venait de visiter, lui dit : « Ubi hora » balnei nuntiata est (est autem hyeme nona, æstate » octava), in sole, si caret vento, ambulat nudus. » Cœlius-Aurelianus conseille souvent ces bains dans le traitement des maladies chroniques, et les met sur la même ligne que les eaux thermales : « Et sole » corpus torrendum, quod grœci heliosin vocant, » dit-il, sed prætecto capite. » L'illustre Franklin faisait un grand cas des bains d'air, mais il ne savait pas qu'ils doivent être pris dans de l'air chaud, fortement éclairé par le soleil, sous peine d'être plus nuisibles qu'utiles. Aussi a-t-il été tourmenté à la fin de sa vie par une affection calculeuse, et n'a-t-il pas vécu aussi longtemps que l'auraient désiré les amis de la science et de la liberté.

Londe, dans son hygiène, proscrit de nos appartements, pendant la nuit, les lampes, le feu, les animaux et les fleurs.

Les lampes, à moins que l'on ne veille, doivent être réduites aux modestes proportions d'une simple veilleuse, alimentée par de l'huile bien épurée, ne donnant ni fumée ni odeur. Le feu peut être souvent nécessaire et, s'il consomme l'oxygène de l'air, il entraîne dans la cheminée une quantité d'air bien supérieure à celle qu'il a enlevée, et la remplace incessamment par de l'air pur qui s'introduit du dehors. A ce point de vue, le feu est donc beaucoup plus utile que nuisible. Un petit nombre de petits animaux, dans une chambre suffisamment grande, ne nuisent pas à ceux qui l'habitent. Il n'en est pas de même des fleurs odorantes : beaucoup de personnes en sont fortement incommodées. Quant aux plantes, en général elles ne sont point nuisibles, à moins que, en quantité trop considérable, elles ne rendent l'air humide. On a analysé l'air d'une serre au lever et au coucher du soleil ; il ne contenait pas sensiblement plus d'acide carbonique à une époque qu'à l'autre.

Il faut que la plus grande propreté règne dans nos habitations ; cela est indispensable à l'entretien de la pureté de l'air. La saleté, dans l'intérieur de nos maisons et dans leur voisinage, amène un dégagement continuel de miasmes, auxquels on doit la plupart des fièvres typhoïdes et pernicieuses qui déciment nos populations. Les gens sales autour d'eux le sont également sur eux. Leur transpiration se fait mal, ils vieillissent vite et sont exposés, du reste, à beaucoup d'infirmités et de maladies qui sont la juste punition de leurs dégoûtantes habitudes. Je n'écris pas pour ces gens-là.

CHAPITRE VI.

Des Vêtements.

L'homme avait été créé pour les parties les plus chaudes de la terre : c'est à cause de cela qu'il est nu. Si Dieu eût voulu que nous habitassions les pays septentrionaux, il nous aurait donné une fourrure épaisse comme aux loups, aux ours et à tous les autres mammifères des régions froides, *Vestitissimum pecus*, et, à chaque automne, il aurait ajouté à notre vêtement, en nous envoyant alors des poils plus fins et plus épais.

Nous devons donc, pour lutter contre le climat des pays que nous habitons, nous couvrir de vêtements assez chauds pour remplacer la fourrure qui nous manque, et nous devons les porter plus épais et plus chauds encore dans la saison froide. C'est le conseil que nous donne la nature, nous ne pouvons que gagner à le suivre. « Qui in fine veris, dit » Sanctorius, præmature se vestibus spoliant et » autumno tarde induunt, in febres æstate, in des- » tillationes hyeme facile incidunt. » On ne pourrait nombrer toutes les infirmités graves et toutes les maladies mortelles que cause, à chaque génération d'hommes, l'insuffisance des vêtements. La misère la rend malheureusement le lot du plus grand nombre, et, comme tout ce qui altère notre santé et nous affaiblit, elle est encore une des causes qui amènent le plus vite la vieillesse. Je connais un homme qui était fort et vigoureux. Il était sobre, actif et gai, et de plus il est riche. Dans des circonstances ordinaires il devait vivre plus de 100 ans. Mais il se faisait gloire d'être peu vêtu et de porter en hiver les mêmes habits qu'en été. Il a 70 ans ; depuis près de trois ans il dispute misérablement sa vie à des accidents cérébraux qui seront bientôt mortels.

En Italie, en Espagne, l'homme pourrait se contenter de vêtements de toile pendant une partie de l'année. Mais en France, le midi excepté, il devrait toujours porter, par dessus sa chemise de toile, des vêtements de laine en étoffe légère pendant l'été, et en étoffe plus épaisse et plus chaude pendant l'hiver. Il le devrait surtout quand il a des occupations peu actives, et qui tendent à laisser toujours sa peau moins puissante qu'il ne le faudrait. Que de maladies contractées en été le sont sous l'influence d'un refroidissement ! C'est surtout à la suite de la sueur, amenée par le travail ou la marche, que ces refroidissements ont lieu. C'est pour cela que, même dans les pays chauds, il est si utile de porter sous la chemise un gilet en une étoffe de laine légère. La laine mouillée par la sueur, restant toujours un mauvais conducteur de la chaleur, ne nous refroidit pas comme le ferait un vêtement de toile. Ces gilets de laine ont besoin d'être aussi fréquemment changés que nos chemises.

La couleur des étoffes de nos vêtements n'est pas une chose indifférente. En effet, l'expérience a prouvé que les corps de couleur noire s'échauffent bien plus au soleil, mais qu'ils se refroidissent aussi beaucoup plus vite à l'ombre. Ainsi, en hiver, quand le soleil est sans force et presque toujours caché par d'épais nuages, des vêtements de drap blanc ou de couleur peu foncée conserveraient bien mieux la chaleur du corps que ne le feraient les vêtements de même étoffe, mais de couleur noire. En été, au contraire, les habits blancs sont plus frais au soleil, parce qu'ils lui empruntent moins de lumière et de chaleur.

La forme de nos vêtements est d'une grande importance. Nous devrions bannir soigneusement tous ceux qui, en serrant fortement la peau, diminuent par là ses fonctions, entravent la circulation et gênent, d'une manière habituellement si grave, la respiration et les mouvements du cœur, comme le font les corsets des femmes, qui ont en outre l'inconvénient de provoquer souvent chez elles des abaissements ou des renversements de l'utérus. Cependant l'homme de peine obligé à de grands efforts musculaires, et les personnes dont les parois abdominales sont affaiblies, ce qui a fréquemment lieu dans les deux sexes, et dont la masse intestinale tend à tomber dans le bassin, se trouveront bien d'un caleçon, d'un pantalon ou d'une ceinture serrant toute la région hypogastrique, soutenant ainsi et relevant le ventre, comme le faisait la culotte avant l'invention des pantalons. Ce moyen, qui remédie souvent à de graves infirmités, a en outre l'avantage de prévenir les hernies.

Les chaussures méritent surtout une attention particulière. Dans les pays pour lesquels nous avons été destinés, nous aurions foulé un sol constamment très-chaud. Le contraire a lieu dans nos régions septentrionales ; aussi rien n'est plus commun que le froid habituel des pieds. C'est le lot de toutes les femmes du monde. Elles ne savent pas combien d'affections du ventre et du bas-ventre, combien de maladies de la poitrine, combien de caries dentaires, de migraines, de rides et de cheveux gris ne reconnaissent point d'autre cause. Le froid habituel des pieds diminue de moitié la transpiration insensible ; il altère donc profondément nos humeurs et nos forces, il traîne à sa suite la douleur et l'ennui. N'est-ce pas payer trop cher l'exhibition d'un pied, soit-il le plus joli du monde? On peut éviter le froid aux pieds à l'aide de bas de laine en hiver, et de souliers à semelles et à empeignes assez épaisses et en cuir assez bon, pour être parfaitement à l'abri du froid extérieur et de l'humidité. Ce que j'ai dit de l'influence de la couleur sur le refroidissement des corps, devrait engager les personnes faibles et âgées à porter des souliers en cuir jaune ou blanc.

Les femmes du monde ne se contentent pas de n'avoir que des apparences de souliers, la plupart du temps elles ont les bras et les épaules nus, des bas à jour et des robes légères. Elles brillent comme la rose, mais elles se fanent aussi vite que cette charmante fleur. Si elles tiennent à vivre longtemps sans rides ni cheveux gris, en conservant le teint et l'animation de la jeunesse, il faut absolument qu'elles apprennent à bien vivre.

Si, pendant la veille, des vêtements chauds, même en été, nous sont nécessaires (æstate si corpus jaceat detectum, prohibetur perspiratio, unde capitis gravitas et corporis confractio. Sanct.), nous avons pendant le sommeil un besoin plus grand encore de lits suffisamment couverts. Quand nous dormons, notre peau perd beaucoup de sa puissance, elle se refroidit dès lors plus facilement. « In dormientibus, stragulis detectis, magis impeditur perspiratio quam in vigilantibus vestibus denudatis », dit encore Sanctorius, et ailleurs « qui dormiunt pedibus ac coxis detectis noctis spatio libra perspirabilis prohibetur. » Il nous faut donc des couvertures assez chaudes pour ne pas diminuer notre transpiration, et assez amples pour ne pas être exposées à se déranger et à nous laisser ainsi à découvert pendant notre sommeil.

Gardons-nous toutefois d'abuser de ces conseils et d'avoir des vêtements trop chauds, des couvertures trop épaisses et trop chaudes. Nous remplacerions alors la transpiration insensible par la sueur, qui, au lieu de nous fortifier, nous affaiblit considérablement, quand elle est générale et *provoquée* par l'abus que je signale ici. Rien ne nuit davantage que les sueurs quand elles sont habituelles. Rien n'expose plus qu'elles à des douleurs rhumatismales, à des névralgies que le moindre changement de l'atmosphère redouble : ces sueurs absorbent l'individu ; il n'est plus occupé que d'elles ; elles lui ôtent tout courage, toute énergie. Il faut bien se garder de les confondre avec les sueurs partielles qui s'établissent naturellement, et qui, malgré leur incommodité, deviennent chez ceux qui les éprouvent une condition importante de la santé, et à ce point que leur suppression amène à sa suite les accidents les plus graves et même la mort.

CHAPITRE VII.

De la chaleur ambiante.

Nous avons vu que les premiers effets de la vieillesse sont caractérisés par l'affaiblissement des fonctions de la peau. Les moyens à employer pour la combattre doivent donc avoir pour but, avant tout, de conserver ou de rendre à cette membrane si importante les forces qui lui sont nécessaires. « Senectus revera est ægritudo, dit Sanctorius, sed diu protrahitur si corpus reddatur perspirabile. » C'est à cause de cela que Hufeland, dans sa *Macrobiotique,* conseille aux vieillards d'aller habiter des pays chauds. Avicennes disait : « Senibus vero nocet hyems, et invenies senes et qui eis similantur in æstate fortiores. » « Diutius vivunt, disait Aristote, qui locis calidis ætatem degunt, quod naturâ sint sicciore atque hinc firmiore. »

Les anciens et les modernes sont donc d'accord en ce point, que pour prolonger la vie il faut que la peau soit maintenue, par la chaleur ambiante, dans un état d'activité convenable. Ainsi, nous avons besoin de trouver dans nos logements une chaleur habituelle, d'autant plus grande que nous sommes plus vieux ou plus faibles. On a constaté dans les hospices pour la vieillesse, qu'il suffit d'un abaissement de deux ou trois degrés dans la température, pendant la nuit, pour causer la mort de plusieurs vieillards. Ce fait a été constaté aussi dans les hospices d'aliénés, mais pour une catégorie seulement de leurs infortunés pensionnaires. Il ne faut cependant pas que la chaleur de nos appartements soit trop grande, parce qu'en dilatant l'air elle a l'inconvénient de diminuer la quantité d'oxygène inspiré, et l'affaiblissement de la respiration est, comme nous l'avons déjà dit, inhérent à l'âge avancé. De doubles fenêtres à grands carreaux et de doubles portes, quand du reste le *système d'aération* de nos maisons est bien établi, sont un des meilleurs moyens de leur conserver, le jour comme la nuit, une température convenable. Avec de doubles fenêtres et de doubles portes, un appartement sans feu a déjà, en hiver, la température d'une cave, dix degrés Réaumur au-dessus de zéro.

Dans les pays très-chauds, les maladies de la poitrine sont infiniment plus rares que dans nos climats. Au rapport du docteur Lebert, le cancer est à peu près inconnu à l'Égypte : la folie et l'apoplexie sont infiniment plus communes dans les pays froids que dans les pays chauds; rappelons que la folie, le cancer, l'apoplexie et la goutte se développent surtout au retour de l'âge, quand les fonctions de la peau commencent à s'altérer. Disons ici que les personnes jeunes et fortes peuvent, dans nos climats, se coucher dans des chambres sans feu; mais elles n'en doivent pas moins, en s'habillant et en se déshabillant, prendre des précautions suffisantes pour ne pas être trop refroidies. Les jeunes personnes qui font en hiver une longue toilette dans une chambre sans feu, s'exposent à des rhumes violents ou, ce qui est bien plus grave, à devenir phthisiques.

Il est nécessaire, quelque fort que l'on soit, d'habiter pendant le jour des appartements suffisamment chauds, alors même qu'on se livre à un travail actif; au surplus ce sont les ouvriers ou les cultivateurs qui fournissent le plus de centenaires, et nous savons que, à moins qu'ils ne soient dans l'indigence, il fait toujours chez eux très-chaud en hiver.

Mais tout en prenant des précautions convenables contre le froid, gardons-nous de tomber dans l'excès contraire : réservons la serre chaude pour l'extrême vieillesse et pour les gens très-affaiblis, et habituons-nous à pouvoir passer facilement d'une chambre chaude à l'air extérieur, quelque froid qu'il puisse être. Cela est facile à ceux qui peuvent faire un exercice suffisant, et qui, bien vêtus, ont de bonnes chaussures.

Quelqu'influence que la température ambiante exerce sur nous, la chaleur de nos appartements et du climat est bien loin de suffire pour obtenir une vie très-longue. En effet, on vieillit aussi vite en Andalousie qu'en Écosse, en Syrie qu'en France. Sans doute l'homme faible vit plus longtemps et résiste mieux sous un climat chaud que sous un climat froid, où il est obligé à des fonctions bien autrement actives. Sans doute aussi, et par les mêmes motifs, le vieillard des pays froids, qui va passer chaque hiver dans le midi, prolonge ainsi de quelques années son existence, et échappe à beaucoup d'incommodités; mais quelque puissante que soit l'influence de la chaleur sur la vie, en y ajoutant celle d'un logement sain et de vêtements convenables, on est encore bien éloigné du but que nous nous proposons d'atteindre. Disons nos regrets de ce que les observations nous manquent pour savoir si, sous tous les climats et au même degré, les vésicules pulmonaires s'agrandissent en diminuant de nombre chez les vieillards, et par quel mécanisme se produit ce fait important.

CHAPITRE VIII.

des Lotions, des Bains, des Bains de vapeur, des Douches écossaises, des Bains de soleil et de sable.

En examinant l'épiderme au microscope, on voit qu'il est percé d'une multitude infinie de trous très-petits : ce sont ses pores; on ne sait pas s'ils subissent dans la vieillesse des modifications analogues à celles des cellules bronchiques; il serait très-important de le rechercher, et d'étudier aussi les modifications qu'éprouve l'épiderme de remplacement à la suite d'un vésicatoire, ainsi que la durée de ces modifications si elles sont appréciables. Quoiqu'il en soit, nous savons que, quand on bouche les pores de l'épiderme ou de la peau avec un vernis, l'animal périt au bout d'un petit nombre d'heures : c'est que la transpiration insensible, la source la plus abondante de notre fluide nerveux, se trouve arrêtée, la peau ne pouvant plus la rejeter au dehors.

Il est donc très-important à la conservation de la santé et à la prolongation de la vie de maintenir notre peau très-propre, afin que ses pores puissent toujours fonctionner librement; mais il ne l'est pas moins, nous le savons déjà, d'employer tous les moyens que l'art indique pour l'entretenir dans une activité suffisante, sans laquelle la transpiration insensible venant à languir, nos forces iraient en s'amoindrissant, nos humeurs s'altéreraient, et, si nous échappions aux maladies aiguës ou chroniques qu'un tel état produit si facilement, nous verrions la vieillesse faire chez nous de rapides progrès, et nous succomberions comme tant d'autres, vieux avant l'âge.

Les lotions et les bains tièdes nettoyent parfaitement la peau, mais ils ne la fortifient pas, ils l'affaiblissent même si leur action est prolongée. En effet, rendant momentanément l'épiderme conducteur de l'électricité du corps, ils lui enlèvent ainsi beaucoup et ne peuvent rien pour compenser plus tard cette perte. Il n'en serait plus de même si ces bains étaient pris dans de l'eau minérale naturelle, ou dans de l'eau à laquelle on aurait ajouté du sel, de la potasse, de la soude ou des infusions de plantes amères et aromatiques.

Les lotions générales froides, faites le matin et le soir, sont une des meilleures habitudes que l'on puisse contracter; on peut avec des précautions convenables les conserver jusque dans la vieillesse. Ces lotions sont un puissant tonique à cause de la réaction qu'elles provoquent, réaction d'autant plus bienfaisante qu'elles ont été plus courtes et qu'elles ont moins emprunté à l'économie. Ces lotions ne se bornent pas à ajouter à nos forces, elles nous rendent en quelque façon insensibles aux impressions de l'air extérieur, elles nous délivrent des rhumes, si faciles à contracter dans les saisons froides, et qui ont souvent des suites si graves, la phthisie, les catarrhes chroniques, l'emphysème pulmonaire, l'asthme. « Aer frigidus et lavacra frigida corpora *robusta* calefaciunt. » dit Sanctorius. Cela doit s'entendre de l'exposition à l'air froid, quand on est muni de vêtements chauds : n'oublions pas non plus de faire observer que ce sont les personnes fortes qui, d'après Sanctorius, sont réchauffées par les lotions froides.

Les bains froids et courts peuvent, comme les lotions froides, entretenir la propreté de la peau ; ils sont un puissant tonique, mais on ne doit les employer qu'avec beaucoup de réserve, dans la jeunesse seulement, et de loin en loin. Je les ai vus toujours hâter les progrès de la vieillesse chez ceux qui en faisaient un fréquent usage, et les accabler d'infirmités. Il ne faut rien d'excessif chez l'homme. Tout ce qu'on demande en efforts trop violents à son organisation est compensé par une moindre durée de la vie.

Les bains de rivière pris en été tiennent le milieu entre les bains froids et les bains tièdes. Ils conviennent aux jeunes gens forts ; une fois sur le retour de l'âge, il faut les prendre avec beaucoup de réserve et de courte durée ; il faut surtout attendre que la digestion soit terminée, sans quoi on s'expose à mourir d'apoplexie dans le bain même.

Que l'on se borne aux lotions générales ou que l'on prenne des bains entiers, il faut s'essuyer avec soin et à l'aide d'un linge rude, *grossis pannis*, de manière à rougir la peau.

Les bains de vapeur, déjà connus d'Hippocrate et très-employés par les Romains, sont encore en usage chez la plupart des vieux peuples. Tous les Africains de la civilisation barbare, au nord et à l'est, la plupart des Asiatiques, les Russes et les Polonais en font une des bases de leur hygiène. Ces bains sont accompagnés d'aspersions d'eau froide, et souvent de flagellation et de massage, qui ajoutent beaucoup à leur action. Ils nettoyent la peau, ils la fortifient, quand ils ne sont pas suivis de sueurs immodérées.

Il ne faut pas que la vapeur arrive à une température trop élevée : 45 degrés centigrades suffisent au plus grand nombre ; il ne faut pas aller beaucoup au delà de 50 degrés, il ne faut pas non plus que l'eau froide pour les aspersions descende au dessous de 20 degrés, 25 degrés sont préférables.

Des bains de vapeur très-chauds, suivis d'irrigation d'eau très-froide, donnent sans doute une grande vigueur à la peau, mais cette vigueur n'est que momentanée. En produisant une réaction très-forte, ils usent promptement la vie, ils appellent la vieillesse, ressemblant en cela à l'hydrothérapie, bien appréciée par l'antiquité médicale. Un bain de vapeur suffit par semaine : les personnes habituées aux lotions froides n'en ont pas besoin.

Les douches écossaises fatiguent moins et réussissent mieux que les étuves à beaucoup de personnes faibles et nerveuses. Elles sont composées d'un jet alternatif d'eau froide et d'eau chaude. Celle-ci à 30 ou 34 degrés centigrades ; la première à 22 ou à 25 degrés. Ces douches fortifient beaucoup. Leur durée ne doit pas être de plus de 8 ou 10 minutes. Après les lotions, les bains, les douches écossaises et les étuves, il faut s'essuyer fortement avec un linge rude.

J'ai déjà parlé des bains de soleil et j'ai cité à leur occasion l'exemple de Spurina, visité par Pline le jeune, et qui était remarquable surtout par sa verte vieillesse. Il faisait tous les jours et tout nu, de longues promenades au soleil, quand il n'y avait pas de vent : « si caret vento. »

Un des meilleurs médecins de l'antiquité, Cœlius Auraelianus, conseillait ces bains contre l'épilepsie, les affections abdominales, l'atrophie et l'obésité : « sole corpus torrendum, quod grœci heliôsin vocant, *sed prætecto capite* », et ailleurs « item *solicationes, quas grœci heliôsas vocant*, adhibendæ sunt. » Les bains de soleil, ou héliôses, exercent sur la peau une triple action tonique qu'ils doivent à l'air , à la chaleur et à la lumière. Il faut en les prenant se couvrir la tête, comme le recommande Cœlius Auræ-lianus, et faire en sorte qu'ils agissent également sur tout l'ensemble du reste du corps. Dans nos pays septentrionaux, on ne peut les prendre au grand air que pendant la saison la plus chaude de l'année, et encore dans des endroits bien abrités contre le vent. Il faut s'habituer graduellement à leur action, afin d'éviter les coups de soleil qui, sur de larges surfaces, pourraient avoir chez les personnes très-irritables de graves inconvénients.

On peut facilement continuer ces bains pendant les saisons froides, en les prenant dans une serre ou dans une chambre disposée pour cela, et dont le sol soit convenablement chauffé. On se bornerait aux bains d'air quand le soleil serait caché par les nuages, mais les bains d'air chaud et de lumière diffuse, tout en étant moins bons que l'héliôse, ont cependant encore une grande valeur. Ces bains pris tous les jours, pendant une heure et même davantage, nous rendraient très-robustes et nous aideraient beaucoup à prolonger notre existence et

4

à la prolonger exempte d'infirmités. Celse les recommande mais comme sudorifiques : « Sudor etiam
duobus modis allicitur : aut sicco calore, aut balneo. .
præter hæc, sole quoque et exercitatione is movetur. »
L'arabe Avicennes considère aussi le bain de soleil
comme un moyen très-puissant : « Statio in sole
calido, et præcipue movendo se cum motu maxime
forti, sicut citò eundo et saliendo, vel currendo, est
ex his quæ superfluitates vehementer resolvunt, et
provocant sudorem, et inflationem carminant, et
resolvunt apostemata, alterbel et hydropisim, et
confert in asthmata.... et resolvit dolorem antiquum
frigidum capitis.... confert doloribus sciæ et renum,
et doloribus ani et suffocationibus matricis.... in sole
autem in uno loco morari est vehementius in adu-
rendo cutem quam in ipso ambulare, et est plus
prohibens resolutionem. »

Ainsi, en restant immobile au soleil, il agit avec
beaucoup plus de force, il brûle la peau, ce qui
convient seulement dans certaines maladies. Nous
marcherons donc en prenant les bains de soleil, mais
avec modération pour ne pas provoquer d'abondantes
sueurs, qui sont souvent un puissant remède, mais
qui ne conviennent pas comme moyen hygiénique.
Nous laissons la torréfaction de la peau aux hydro-
piques, aux asthmatiques, aux phthisiques, aux
scrofuleux et aux personnes affectées de rhumatismes.

Les bains de sable chauffé au soleil ont aussi
une puissante action sur la peau. Les anciens les
employaient comme nous. Celse les conseille; il en
est de même de Cœlius Aurælianus. Ce dernier les
prescrit contre l'atrophie, et pris surtout dans le
sable des bords de la mer; écoutons encore ce qu'en

dit Avicennes : « et arænæ quidem quæ in desiccando humores sunt fortiores in parte cutis, sunt arænæ marinæ. Et est cum super eas calidas existentes sunt, et est cum in eis sepeliuntur, et est cum super corpus paulatin asperguntur, et resolvunt dolores et ægritudines prædictas in capita de sole; ad ultimum vero vehementer exsiccant corpus. » On peut utilement prescrire ces bains aux vieillards très-refroidis, très-débiles, mais pris jusqu'à la hauteur des lombes seulement, pour ne pas gêner la respiration.

Ces bains ont une action encore plus puissante que celle des bains de soleil, aussi doit-on les employer plutôt comme un médicament que comme une des matières de l'hygiène.

CHAPITRE IX.

Des Frictions et du Massage.

A mesure que nous avançons dans l'étude de notre sujet, nous trouvons de nouvelles armes pour combattre la vieillesse. N'en dédaignons aucune. Toutes ont leur valeur, et ce n'est pas trop de leurs forces réunies pour lutter contre notre ennemie la plus cruelle, la plus implacable, et pour atteindre le but que nous nous proposons.

Les frictions et le massage que les vieux peuples emploient encore, concurremment avec les bains de vapeur et les irrigations froides, étaient, chez les anciens, une branche très-importante de leur hygiène et même de leur matière médicale.

Platon, cité par Salgues *(hygiène des vieillards)*, reprochait à Hérodicus, qui prescrivait des frictions à presque tous ses malades, de mal agir ainsi envers ses clients en prolongeant par son art, jusqu'à la vieillesse la plus avancée, une vie qu'ils sont alors forcés de voir s'échapper en détail. Ovide disait : « morsque minus pænæ quam mora mortis habet. »

Dans son traité *de sanitate tuendâ,* Galien a consacré une grande place aux frictions. Il les prescrit faites en tous sens : « variæ autem quam maxime » ex manuum injectu circumactuque frictiones esse » debebunt : nec superne modo deorsum aut inferne

» seorsum adhibitæ, sed etiam tum in subjectum,
» tum in obliquum, tum in transversum, tum in
» subtransversum. » Il veut donc que les frictions
soient faites en tous sens, c'est, dit-il, pour agir
autant que possible sur toutes les fibres musculaires :
« Varium autem fieri manuum tum injectum, tum
» circumactum velim, quo videlicet universæ, quoad
» fieri potest, musculorum fibræ, omni ex parte
» fricentur. »

Galien partage l'opinion d'Hippocrate sur les
frictions. D'après ce dernier, suivant qu'elles sont
plus ou moins fortes, plus ou moins prolongées,
elles nourrissent, ramollissent, amaigrissent ou
resserrent le corps. C'était le matin, lorsque la
digestion du repas de la veille était terminée et que
l'urine était légèrement teinte en jaune, que l'on
faisait la première friction qui précédait les exercices.
On passait un petit nombre de fois les mains sur
tout le corps avec une vitesse modérée; on évitait
de le comprimer ; on le réchauffait ainsi ; toute la
peau venait d'une *belle rougeur;* alors on appliquait
l'huile, puis, avec les mains nues, on faisait des
frictions douces d'abord, et dont on augmentait
graduellement la force.

D'après Hérodote, au rapport d'Oribase *(traduction de Bussemaker et d'Aremberg)*, voici comment doivent se faire les frictions : « La friction
doit être pratiquée sur les sujets jeunes et de petite
taille, par quatre hommes, et par six hommes
chez ceux qui ont atteint l'âge viril, et qui ont une
taille plus élevée. Les uns frotteront les membres
supérieurs jusqu'aux doigts, d'autres le tronc jus-

qu'aux aînes, d'autres enfin les membres inférieurs jusqu'aux pieds.

Après avoir versé sur le corps le mélange gras, on doit frictionner chaque partie en passant les mains de haut en bas; ensuite on couchera le malade sur le ventre et on le frictionnera de la même manière. Au commencement, la friction devra être légère et lente; ensuite elle deviendra rapide et accompagnée de pression, tandis que vers la fin la friction redeviendra douce et en tout semblable à celle du commencement. Chaque partie doit être malaxée environ cent fois chez les jeunes gens, deux cents fois chez les adultes. Chez ceux qui mènent une vie d'athlète, il faut doubler le nombre des frictions. »

On choisissait pour faire ces frictions une chambre tempérée. Trop chaude, elle aurait provoqué la sueur avant que le corps fût suffisamment ramolli; trop froide, le corps n'aurait pas pu se réchauffer, s'amollir, il ne se serait pas élevé *de belles rougeurs* sur la peau, et le corps ne se serait pas tuméfié, signes d'une *friction modérée*, pratiquée dans un air tiède, et chez un individu d'une complexion tempérée.

Ces frictions étaient souvent pratiquées deux fois par jour, le matin après l'exercice et le soir. Cette dernière était plus douce; elle avait pour but principal de délasser; elle se nommait apothérapique.

Cœlius Aurælianus conseille les frictions comme remède de plusieurs maladies : « Si horum nihil in corpore viderimus, sed sola fuerit atrophia consecuta, convenit ægrotum fortificari rationabiliter, atque resumi gestatione, pro virium quantitate, scilicet quibus sæpe memoravimus generibus, et unctionibus ordinatis, plurimo oleo superfuso, adhibita fricatione, et ministris corpulentis et mollibus, quales esse fricatores salutaribus præceptis docuimus, quo contactu corporum laxiore ægrotantis exercitata membra solvantur. » Ce passage est remarquable surtout en ce qu'il nous montre les qualités que les anciens recherchaient chez leurs masseurs ou leurs frotteurs. Appliquant les frictions à la léthargie, il veut qu'elles soient douces et pratiquées sur les articulations : « Blando etiam articulorum fricamento utendum est. » Il les prescrit encore, mais rudes, chez les obèses.

Avicennes dit que les frictions rudes, avec un linge grossier, resserrent, épaississent et fortifient. La friction douce, faite avec la main ou du linge doux, relâche ; longtemps continuée, elle fait maigrir ; tempérée, elle engraisse. « Et est etiam fricatio quæ est aspera seu cum pannis asperis, quæ sanguinem ad exteriora velociter trahit. Et alia est lenis cum palma aut cum pannis lenibus, quæ sanguinem aggregat et ipsum in membra continet. » Il indique la friction du matin et la friction du soir, qu'il nomme *alastardad*, mot espagnol autant qu'arabe. Il conseille, comme Galien, de retenir le plus possible son haleine pendant la friction : « et quanto plus poterit suum contineat anhelitum, et præcipue cum musculi ventris lassi fient et pectoris musculi, si facile fuerit extendentur. »

On comprend que, pour obéir à ce précepte de l'antiquité, il fallait faire une grande provision d'air par des inspirations profondes, qui dilataient toutes les vésicules bronchiques, ce qui, d'après les observations de Steinbrenner, médecin à Vasselone

(Bas-Rhin), contribue à augmenter beaucoup la capacité de la poitrine, et prévient ou guérit la disposition aux tubercules. Ces inspirations profondes s'opposeraient peut-être, chez les vieillards, à l'atrophie des poumons : peut-être encore pourraient-elles rendre aux vieux poumons une partie des cellules qu'ils ont perdues. Dans tous les cas, les inspirations profondes, répétées plusieurs fois dans la journée, seront le plus souvent utiles aux personnes âgées, dont elles compléteront la respiration, en entretenant en pleine activité les cellules bronchiques qu'elles ont conservées. Avicennes prescrit des frictions courtes et douces aux vieillards. « Opportet ut in qualitate et quantitate sit temperata. » Mais nous savons que les frictions douces et courtes doivent cependant produire une *belle rougeur* sur la peau.

Ces citations, que j'ai empruntées à quelques-uns des plus grands hommes de l'antiquité médicale, suffisent pour montrer toute l'importance qu'elle attachait aux frictions tombées aujourd'hui, chez nous, dans un oubli aussi profond qu'il est peu mérité.

Hérodicus, à leur aide, prolongeait beaucoup l'existence des vieillards ; Hippocrate, Galien, Avicennes sont unanimes pour leur reconnaître la singulière puissance de fortifier, de calmer, d'endurcir, de maigrir et d'engraisser, suivant la manière dont elles sont faites. Elles sont bien certainement un des plus puissants moyens de l'hygiène ; elles peuvent remplir les indications les plus opposées et modifier profondément l'économie. Elles ont encore l'avantage bien grand de pouvoir enlever, en quelques minutes, la fatigue amenée par toute une journée de travail.

Les enfants faibles devraient être frictionnés deux fois par jour; les hommes, dans la force de l'âge et de la santé, une fois seulement tous les deux ou trois jours, en réservant la friction du soir ou apothérapique pour les jours de grande fatigue.

Chez les vieillards, les frictions devront être douces comme dans la jeunesse, portées seulement jusqu'à *une belle rubéfaction* de toute la peau, et faites matin et soir. Chez eux et chez toutes les personnes faibles, dont la peau sera froide et par conséquent peu active, il sera bien d'ajouter aux frictions des lotions alcalines qui sont un des plus puissants excitants des fonctions de la peau. Dans nos climats, et chez les vieillards surtout, les onctions d'huile conviennent bien rarement; elles agissent en sens inverse de la friction, elles bouchent nos pores, elles s'opposent à la transpiration insensible.

CHAPITRE X.

De l'Électricité.

Avant de dire ce que l'électricité peut contre la vieillesse, je dois m'expliquer sur ce moyen dont chaque jour vient nous révéler les merveilles. Personne ne conteste sa puissance. Les médecins savent que l'électricité préside à toutes les actions chimiques, qu'elle peut fournir la chaleur la plus intense, la lumière la plus vive ; les mécaniciens l'emploient déjà comme un excellent moteur. Tous les médecins se souviennent aussi de l'expérience de cet élève de Cotugno qui, en touchant avec la pointe d'un scalpel le nerf phrénique d'une souris vivante, éprouva une secousse électrique ; ils n'ont pas oublié non plus que la découverte de la pile est due aux contractions développées par le contact de deux métaux dans les muscles d'une grenouille morte et écorchée : les faits de ce genre abondent aujourdhui.

Le docteur Ure, à l'aide de la pile, a reproduit, chez un homme récemment pendu, tous les mouvements de la vie avec une horrible vérité. MM. Magendi, Andral, Roulier et Pouillet ont pu, avec le même instrument, au rapport de Péclet, rendre la vie à des lapins asphixiés depuis plus *d'une demi-heure.*

Ces faits, et une foule d'autres, auraient dû convaincre depuis longtemps le corps médical de l'identité des fluides électriques et nerveux. Mais nous avons conservé traditionnellement le souvenir des injures que nous adressait Paracelse à la fin du moyen âge, quand, de sa main puissante, quoique barbare encore, il ébranlait le temple de Galien en introduisant les remèdes chimiques. Dans notre langage médical, le mot chimiatre est resté une injure, et beaucoup d'entre nous tiennent en pitié ceux qui veulent, à l'aide des sciences physico-chimiques, expliquer quelques-uns des mystères de la vie.

Il y en a d'autres, il faut le dire, qui craignent aussi que ces explications aillent trop loin et finissent par réduire la vie à un simple fait matériel : comme si la connaissance de la nature et des sources du fluide nerveux pouvait jamais expliquer la cause première de la vie, autrement que comme le résultat de la volonté du Créateur; comme si l'admirable prévoyance qui a présidé à l'organisation, pouvait être autre chose que la sagesse infinie de Dieu !

On sait que la ligature d'un nerf ou sa simple compression suffit pour arrêter l'influx nerveux ; mais quand on le lie et qu'on le soumet à une action électrique, le courant passe malgré la ligature. C'est sur ce fait surtout que s'appuient les médecins et les physiciens qui ne veulent pas admettre l'identité des deux fluides. Nous verrons tout à l'heure que ce prétendu fait n'est dû qu'à une erreur d'observation.

Un tronc nerveux est formé par un névrilemme commun, enveloppant un grand nombre de filaments qui auraient, d'après Krause, d'un 200e à un 400^e

de ligne de diamètre, et un 700ᵉ d'après Wagner.
Mais ces filaments sont eux-mêmes composés d'un
tube ou névrilemme contenant une fibre centrale,
ainsi que l'ont démontré les recherches de Fontana
et de Rémak, fibre isolée de son névrilemme par une
matière grasse et liquide pendant la vie, mais qui
se fige après la mort. En faisant bouillir le nerf dans
l'alcool, on peut dissoudre cette matière grasse
qu'Erenberg appelle la moelle nerveuse.

Il est impossible que cette matière grasse et que
ces névrilemmes, si admirablement prodigués par la
nature, ne l'aient pas été en vue d'un but à atteindre,
et ce but ne peut être que l'isolement du fluide
transmis par les filets nerveux. Les nerfs eussent
été, sans cela, juxta posés sans plus de précautions
que Dieu n'en a prises pour les fibres musculaires,
par exemple, qui, quoiqu'isolées chacune, le sont
par un appareil bien moins puissant, un simple
feuillet cellulaire.

N'oublions pas que dans beaucoup de troncs nerveux, nous voyons des fibres appartenir les unes
aux nerfs sensitifs, les autres aux nerfs moteurs.

Si donc nous lions un de ces troncs, nous
déchirons les névrilemmes des deux espèces de nerfs,
nous arrêtons la circulation des vaisseaux sanguins
qui les pénètrent, nous déchirons même ces vaisseaux, nous amenons ainsi la neutralisation des
deux fluides contraires, ou bien nous fournissons,
à celui qui parcourait seul ce nerf, de nombreuses
voies par lesquelles il disparaît si, comme j'en suis
profondément convaincu, le fluide nerveux est du
fluide électrique.

Mais pourquoi n'arrêtons-nous pas le fluide

électrique par la ligature du nerf, quand nous le soumettons à un courant? c'est que cette ligature, s'imprégnant des liquides contenus dans le tronc nerveux qu'elle comprime, s'humecte et devient conductrice. Dès lors l'électricité, que nous ne pouvons confier qu'au tronc nerveux tout entier, et surtout à son névrilemme commun, par suite de l'imperfection de nos moyens, passe par dessus la ligature et continue sa route première. Mais si, comme l'a fait mon frère, et comme je l'ai souvent répété avec lui, on prend une ligature grasse, qui ne puisse pas se laisser pénétrer par l'humidité, le courant électrique est dès lors interrompu aussi bien que l'était le courant nerveux.

Cette objection puissante étant détruite, si l'on se souvient de la propriété isolante du tissu cellulaire, et les expériences de mon frère l'ont mise hors de doute, si l'on se souvient aussi que les nombreuses transformations de la vie ne peuvent pas se faire sans produire continuellement beaucoup d'électricité, si l'on n'a pas oublié que cette dernière existe toujours à l'état de tension dans la peau de l'homme sain, qu'elle y est négative, et d'autant plus abondante que la transpiration est plus active, on ne doutera plus de l'identité du fluide nerveux et du fluide électrique. On ne considérera plus le cerveau et la moelle épinière autrement que comme des collecteurs du fluide dont la source est partout dans l'économie, malgré l'opinion de Galien, qui disait : « nervi itaque, rivorum in morem, a cerebro, ceu ex quodam fonte, deducunt musculis vires. » Opinion du reste eu grande faveur encore aujourd'hui.

Je dois dire ici qu'à l'époque où mon frère pu-

bliait ses travaux sur la goutte et les maladies goutteuses, M. le docteur Coudret nous donnait un curieux
volume sur l'électricité animale et sur un instrument
destiné à la soutirer du corps, instrument inventé
par un chimiste de Bordeaux, M. Fozembas, et
nommé par lui électro-moteur. Cet instrument, armé
d'un manche isolant, porte un très-grand nombre de
pointes métalliques et un cordon conducteur com-
muniquant soit avec le sol, soit avec un condensateur.

Des expériences furent faites avec cet électro-moteur
à l'Hôtel-Dieu de Paris, sous la présidence de M. le
professeur Piorry, désigné par l'académie de médecine, et il fut constaté que si la peau enflammée
par un érysipèle ou toute autre cause, donnait
au condensateur à lames d'or de Volta un écarte-
ment, s'élevant souvent à plus d'un pouce chez
beaucoup de personnes saines on pouvait en constater un de plusieurs lignes. M. Coudret termine
ainsi son rapport sur ces expériences : « nous dirons
en terminant cet article que, par suite d'un grand
nombre de vérifications particulières, dont plusieurs
ont été faites en présence de l'honorable M. Bally,
médecin de l'Hôtel-Dieu de Paris, tout nous porte
à considérer comme certain que le fluide électrique
condensé dans nos tissus enflammés est toujours
négatif. C'est le seul en effet dont nous ayons reconnu
et constaté l'existence, etc. » M. Coudret n'a examiné
que la peau enflammée ou saine, et, dans ces deux
cas, il l'a trouvée électrisée négativement, ainsi que
l'a fait mon frère.

Il est déplorable que des faits de cette importance,
au double point de vue de la physiologie et de la
thérapeutique, aient pu passer inaperçus devant l'a-

cadémie de médecine de Paris. Son dédain pour les faits de ce genre rappelle tristement l'époque où la faculté de médecine obtenait du parlement la condamnation des préparations antimoniales.

Mais si le fluide nerveux n'est autre chose que l'électricité produite dans l'économie par les transformations de la vie et principalement dans les secréteurs, puisque la peau est le plus puissant de tous et que, comme le plus fatigué elle est aussi le premier à vieillir, ne devons-nous pas penser que nous lui rendrons beaucoup de force, que nous en rendrons également au reste de l'économie, en lui donnant artificiellement et sans aucun effort de sa part l'électricité qui lui manque? ne devons-nous pas espérer qu'en persévérant dans cette voie, nous arriverons à rendre à la peau la puissance nécessaire pour qu'elle se suffise ensuite longtemps à elle-même. Il est probable que, sous l'influence de cette action, les secréteurs reprendront une vigueur nouvelle, les rides s'effaceront, les cheveux gris seront remplacés par des cheveux colorés comme dans la jeunesse, les dents repousseront comme chez les vieillards cités par Serres, John, Slave, Gœze et autres observateurs. Et si je ne me trompe, l'homme soumis à ce traitement sera dans les conditions les plus favorables, non pas à un de ces rajeunissements partiels, dont je cite quelques exemples dans mon avant-propos, mais à un rajeunissement total, ou du moins à une restauration des forces de l'économie entière.

Il y a plus d'un siècle, l'abbé Nollet constatait déjà que les bains d'électricité positive ont la propriété d'activer la transpiration insensible et d'augmenter l'appétit.

Un physicien de Lyon, M. Beckensteinher, auquel on doit des expériences très-curieuses, a constaté un grand nombre de fois que le bain électrique enlevait la fatigue et redonnait de la force à ceux qui y étaient soumis : « On remarque, dit-il, des phénomènes analogues jusque dans les insectes : on sait qu'aussitôt après l'éclosion des papillons de vers à soie, les mâles s'unissent avec ardeur aux femelles, et qu'au bout de huit à quinze heures d'accouplement ils s'en détachent. Les œufs pondus et la tâche terminée, mâle et femelle tombent d'inanition et meurent. L'été passé, sur une quantité de vers à soie éclos, je pris une partie des mâles et autant de femelles qui étaient près de périr. J'électrisai les mâles positivement pendant 15 minutes : pendant que le fluide arrivait d'un côté, je le soutirais de l'autre avec une tige d'or, formant ainsi un courant continu; après cinq à six minutes d'électrisation, les mâles sortirent de leur engourdissement léthargique et remuèrent les ailes; leur vigueur s'accrut constamment, et au bout d'un quart d'heure ils avaient acquis autant de force qu'au moment de leur éclosion. Je les réunis ensuite aux femelles qui avaient déjà pondu leurs œufs; un nouvel accouplement partiel eut lieu. Les femelles presque expirantes se ranimèrent et vécurent encore pendant trois jours avec les mâles électrisés. » Quoique ce fait ait rapport à des êtres bien éloignés de l'homme, il n'en a pas moins une grande valeur physiologique, et il n'en doit pas moins être considéré comme le rajeunissement très-complet d'animaux réduits par l'âge à un véritable état de décrépitude. Le fait suivant, que j'emprunte au docteur Fabré Palaprat (*Du galvanisme*

appliqué à la médecine), va nous faire assister à la restauration d'un homme, due aussi à l'électricité :
« L'amiral sir Al. Cochrane éprouvait, depuis plusieurs années, une oppression intolérable lorsqu'il se livrait au moindre exercice; il ne pouvait marcher sur un plan tant soit peu élevé sans être presque suffoqué, et il était nécessaire qu'on le portât lorsqu'il s'agissait surtout de monter un escalier. Il ne pouvait rester couché que sur le côté gauche; il ne se procurait même un léger sommeil, interrompu d'ailleurs à chaque instant par l'état spasmodique de sa poitrine, qu'en fumant plusieurs fois dans la nuit du datura stramonium. Depuis longtemps la transpiration ne se manifestait plus d'une manière sensible, et la sécrétion de l'urine se faisait avec une lenteur inquiétante. L'amiral avait en outre beaucoup maigri, quoiqu'il eût conservé son appétit; tel était, en abrégé, l'état dans lequel il était lorsqu'il m'a consulté.

L'application du galvanisme me paraissant essentiellement indiquée, j'ai proposé ce moyen médical : mais les traitements nombreux auxquels on avait eu recours pour faire cesser un état aussi pénible ayant constamment échoué, l'amiral craignait que la galvanisation ne fût également infructueuse : aussi aurait-il eu peut-être de la peine à s'y soumettre, s'il n'y eût été engagé par M. le docteur Ch. Gréville (de Bath), qui était alors à Paris.

J'ai administré chaque jour un bain galvanique par courants et par commotions (la batterie que j'employais était de moyenne force).

La première nuit qui a suivi le premier bain (19 février 1828), l'oppression a été moins forte; la deuxième nuit l'amiral n'a fumé qu'une fois du stramonium ; les troisième, quatrième et cinquième nuits il n'a également fumé qu'une fois, et seulement, disait-il, par précaution. Depuis lors et malgré ses 70 ans, il a eu un sommeil de plus en plus réparateur ; il se couche indifféremment sur les deux côtés ; il dort également bien dans l'une et l'autre position ; il ne se réveille que deux ou trois fois chaque nuit pour l'émission de l'urine, dont la sécrétion s'opère actuellement comme avant qu'il tombe malade. L'amiral fait de longues courses à pied ; il monte des escaliers même élevés sans éprouver de l'oppression ; il a repris de l'embonpoint, en un mot toutes ses fonctions se font parfaitement bien : il lui semble qu'il a acquis une nouvelle existence. Quelques bains galvaniques ont suffi pour opérer un rétablissement aussi remarquable, et qui vraisemblablement se consolidera chaque jour davantage, si, comme il en a pris la résolution, l'amiral a le soin de recourir de temps à autre au précieux moyen qui lui a rendu pour ainsi dire la vie.

Durant chaque bain galvanique, il survenait chez l'amiral une toux quelquefois violente, résultant vraisemblablement d'une abondante sécrétion de mucus produite par l'excitation galvanique. J'ai observé le même phénomène, accompagné souvent d'une très-grande oppression, chez la plupart des personnes affectées d'asthmes que j'ai traitées par la galvanisation. »

Labaume (traduction de Fabré Palaprat), dans son traité du galvanisme appliqué à la médecine, décrit ainsi les effets de ce puissant moyen : « Les sensations immédiates ordinairement produites par l'application du galvanisme, sont une douce chaleur vers les parties auxquelles les conducteurs sont appliqués ; quelquefois une forte chaleur, un chatouillement et une douce irritation de la peau ; une sensation comme celle d'un courant qui passe ou d'une eau légère qui tombe, des éclairs de lumière, une saveur métallique ; une sécrétion abondante de salive dans la bouche et le gosier. De temps à autre une envie de tousser, un tressaillement agréable dans tout le corps, des pulsations à la partie galvanisée et souvent une ardeur agréable dans toute la machine.... Les effets subséquents que l'on éprouve après l'application du galvanisme sont de l'énergie dans tout le corps, une douce chaleur aux mains et aux pieds et une légère transpiration ; la diminution ou la délivrance totale de sensations pénibles; une digestion plus facile, un sommeil profond et rafraîchissant... » Il dit ailleurs : « Les différentes formes dans lesquelles j'ai administré le galvanisme sont par un courant doux, un courant interrompu ou des impulsions vibratoires, et non par des chocs... La position du malade est ou d'être assis sur une chaise, ou d'être penché sur un sofa, ou d'être couché dans un lit, s'il est trop faible pour se lever. Le degré de force galvanique que je donne, dépend des circonstances particulières de la maladie et de la susceptibilité du malade. Dans certains cas j'ai donné une force de 280 paires de disques ; dans d'autres seulement de trois ou quatre ; il y a eu des occasions où j'ai prolongé l'application jusqu'à une heure et demie, dans d'autres quelques minutes ont suffi. »

Les observations des médecins et des physiciens

qui ont employé l'électricité fournie par le frottement du verre ou celle due à l'action de la pile, tendent donc à prouver toutes que l'électricité appliquée à la surface du corps, produit une augmentation de la transpiration insensible, de l'appétit et des forces, en même temps qu'elle fait disparaître la fatigue. Nous avons sans doute à regretter que ces observations ne soient pas plus complètes, sous le rapport surtout de la durée des expériences et de l'intensité électrique, et qu'elles n'aient été faites pour la plupart que comme traitement de maladies accidentelles, sans songer à la vieillesse : mais telles qu'elles sont, elles suffisent pour nous ouvrir une voie nouvelle, riche en merveilleuses promesses.

M. le docteur Récamier a proposé naguère des cataplasmes électriques, comme remède à différentes maladies. Il aurait dû nous dire, je le crois du moins, d'appliquer le pôle positif de sa pile sur les portions refroidies et rhumatisées de la peau, le pôle négatif sur les parties enflammées, ce que l'expérience apprendra sans doute un peu plus tard. Ce savant a du reste commis une grave erreur, en nous disant que l'application de la pile sur des points opposés de notre corps, établit des courants électriques qui le traversent de part en part. S'il en était ainsi, le galvanisme nous tuerait à peu près toujours quand on l'appliquerait à la tête ou au tronc, il nous foudroierait.

On sait que notre savant confrère, M. le docteur Pétrequin, emploie une pile faible à la guérison de certains anévrysmes ; il n'agit que sur la dilatation d'une artère et cependant, pour diminuer les douleurs qu'il occasionne et l'inflammation qui en résulte, il est forcé de recourir à de longues applications de glace. Que serait-ce, si, au lieu d'un sac anévrysmal placé dans l'épaisseur d'un membre ou sous la peau, l'électricité traversait de part en part le cœur, les poumons, le cerveau ! Ce serait dans tous ces cas une cause de mort instantanée ; il n'en est heureusement pas ainsi. L'épiderme est un isoloir déjà puissant quand il est sec ; le tissu cellulaire, par chacune de ses mailles, en est un autre multiplié à l'infini ; et puis, on le sait, l'électricité agit sur la surface des corps. C'est donc à la peau que se borne son action première, et ce n'est que secondairement qu'elle retentit dans toute l'économie, par suite des oppositions électriques et des modifications humorales dues à l'augmentation des sécrétions.

Un médecin de beaucoup de mérite, mais tout à fait étranger aux sciences physico-chimiques, ne voulait pas admettre la non-conductibilité de l'épiderme sec et du tissu cellulaire, parce que, me disait-il, l'homme peut être foudroyé. Sans doute, mais le verre lui-même, qui isole bien mieux, peut être percé par la simple décharge d'une batterie électrique et, à bien plus forte raison, par la foudre. C'est que les isoloirs n'ont qu'une puissance relative, qu'une augmentation de force électrique peut toujours vaincre.

Quand nous faisons pénétrer l'électricité dans l'intérieur de nos organes, à l'aide d'aiguilles métalliques convenablement préparées, nous n'agissons à leur aide que sur les cellules traversées par les aiguilles et sur les vaisseaux et les nerfs qu'elles ont blessés en pénétrant. Si la tension électrique devient trop forte, elle peut irriter, cautériser les cellules voisines, elle peut même, à dose suffisante, détruire instantanément la vie. Dans le traitement de l'albugo par la pile, je n'emploie qu'un seul élément de 5 à 6 centimètres carrés; j'applique le conducteur zinc, ou positif, dans la bouche du malade et le conducteur cuivre, ou négatif, fermé en anneau, sur la cornée devenue opaque. Les séances sont de 3 à 4 minutes et ordinairement quotidiennes. Plus longues et plus fréquemment renouvelées elles pourraient irriter le cerveau. Le conducteur négatif attire à lui la soude, la potasse, l'ammoniaque qui se trouvent dans sa sphère d'action, et qui dissolvent l'albumine concrétée par la maladie dans la membrane. La cornée reprend dès lors sa transparence, quand elle n'a été affectée que dans sa couche la plus superficielle; mais si les couches profondes sont atteintes, l'électricité ne peut pas agir sur elles : si l'on augmentait la tension électrique pour vaincre cet obstacle, on foudroierait l'œil et on amènerait des accidents cérébraux qui seraient promptement mortels. J'ai cru devoir citer ce fait curieux et d'un grand intérêt, pour bien démontrer la propriété isolante du tissu cellulaire. J'aurais voulu parler du pouvoir réflexe de l'axe cérébro-spinal, mais cela m'aurait trop écarté de l'objet spécial de ce travail, le traitement de la vieillesse; je termine ce chapitre en recommandant d'employer l'électricité en longues séances, mais à dose modérée, pour éviter toute espèce de fatigue.

CHAPITRE XI.

Des Aliments.

Les aliments se divisent, ainsi que nous l'avons vu, en deux grandes classes : ceux qui fournissent à la réparation de nos organes et ceux qui ne servent qu'à la combustion de l'oxygène inspiré, et qui produisent par conséquent de la chaleur. Les premiers ou les aliments plastiques sont la fibrine, l'albumine, la caséine, la chair et le sang des animaux. Les seconds ou les aliments respiratoires sont la graisse, l'amidon, la gomme, les sucres, la pectine, la bassorine, la bière, le vin, l'eau-de-vie, etc.; il y a des aliments mixtes en grand nombre comme le pain, le lait, les légumes, etc. Nous n'avons pas oublié que, dans toutes leurs transformations, les aliments des deux classes dégagent beaucoup d'électricité ou de fluide nerveux.

Il est de la plus grande importance, pour les vieillards et les personnes faibles surtout, de ne jamais manger plus d'aliments plastiques que n'en exige la restauration des organes, et plus d'aliments hydro-carbonés que ne doit en brûler l'oxygène de leur respiration, qui est toujours beaucoup moins complète que chez les personnes jeunes et fortes; il faut tenir compte aussi de tout l'oxygène que nécessite la métamorphose continuelle des tissus rejetés hors de l'économie sous différentes formes, et entre autres sous celle d'urée, sous celle aussi d'acide urique, quand l'oxygène vient à faire défaut.

L'école de Salerne a dit :

« Pone gulæ metas ut sit tibi longior ætas. »

elle a ajouté :

« . . . . medici tibi fiant
Hæc tria, mens hilaris, requies moderata, diæta. »

On a de tout temps reconnu la haute importance du régime, et les considérations auxquelles je viens de me livrer l'établissent au double point de vue de la quantité et de la qualité des aliments. C'est pour ne pas connaître ou pour ne pas observer cette loi que les vieillards sont presque toujours torturés par la goutte, l'apoplexie, les maladies des reins et de la vessie, l'asthme, l'angine de poitrine, la bronchite chronique, les palpitations, etc. « Cæterum satius est, dit Galien, et de reliquis dicere quæ senum plerisque incidunt : ut sunt raucedines, quos bronchos et destillationes, et calculus in renibus, et articulares morbi, et podagra et asthmata, aliaque id genus. »

C'est à la mauvaise direction donnée au régime, qu'il faut attribuer la mort prématurée du plus grand nombre des vieillards aisés et de beaucoup d'autres personnes jeunes et fortes ; c'est encore à cela que sont dus longtemps avant l'âge les rides, les cheveux gris, la chute des cheveux, l'haleine forte, l'impuissance, l'affaiblissement de la vue, le chevrottement de la voix et toutes les infirmités, toutes les douleurs d'une vieillesse maladive.

Le célèbre Cornaro était d'une constitution délicate et, s'étant laissé aller à une vie de débauche, il avait, à 35 ans, la goutte, des crampes d'estomac, une fièvre lente, une soif continuelle, une santé si délabrée que les meilleurs médecins de l'Italie l'abandonnèrent comme incurable, en se bornant à lui prescrire, pour dernier conseil, une vie désormais sobre et réglée.

Cornaro se soumit à cette prescription; il ne mangea plus par jour que 12 onces d'aliments solides : pain, soupes, viandes, jaunes d'œufs, et ne but plus que 14 onces de vin. Au bout d'un an il s'était entièrement guéri; à 83 ans il publiait la première partie de son livre *Sur la tempérance*, il publiait la seconde à 86 ans, la troisième à 91 ans et la quatrième à 95 ans. Il mourut âgé de plus d'un siècle; il lisait sans lunettes et il avait conservé toute la puissance et toute la fraîcheur de sa voix; aussi s'écrie-t-il avec un enthousiasme bien légitime : « Oh sainte et heureuse vie! vie douce et réglée, que tu es digne d'estime et que tu mérites d'être préférée à celle qui t'est contraire ! »

A l'exception du pain, aliment mixte, et d'un demi-litre de vin, aliment de respiration par l'alcool, le sucre et les acides végétaux qu'il contient, les mets choisis par Cornaro étaient tous des aliments plastiques ou de réparation. Ce choix était très-judicieux et convenait parfaitement à une personne d'une constitution aussi délicate que l'était la sienne : il avait du reste une vie peu active et il habitait un climat déjà chaud, ce qui explique comment il pouvait se contenter d'aussi peu d'aliments : il en faut davantage dans nos pays froids, si nous faisons surtout beaucoup d'exercice, et nous savons que l'exercice augmente toujours l'étendue de la respiration.

Mais, tout en tenant compte de la différence des climats et de la constitution, les hommes qui se livrent aux travaux intellectuels, les personnes faibles et les vieillards doivent se modeler le plus possible sur Cornaro, et arriver à ne manger et à ne boire que le juste nécessaire. « Ubi copiosior præter naturam cibus ingestus fuerit, id morbum creat, quod etiam curatio indicat » nous dit Hippocrate.

La tempérance est d'autant plus nécessaire que l'on est plus avancé en âge. Les excès sont toujours fatals aux vieillards. « Senes si breve quippiam transgressi limites sint, dit Galien, non leviter læduntur. » Cornaro nous fournit un exemple remarquable à l'appui de cette loi : il avait 78 ans quand, cédant aux sollicitations de sa famille et de ses amis, qui lui reprochaient de ne pas manger assez, il prit 14 onces d'aliments au lieu de 12, et, au lieu de 14 onces de vin, il en but 16. « Cette augmentation de nourriture me fut si funeste, dit-il, que, de fort gai que j'étais, je commençai à devenir triste et de mauvaise humeur ; tout me chagrinait, je me mettais en colère pour le moindre sujet et l'on ne pouvait vivre avec moi. Au bout de 12 jours, j'eus une furieuse colique qui dura 24 heures et à laquelle succéda une fièvre continue, qui me tourmenta 35 jours de suite et qui, dans les premiers jours, m'agita si cruellement, qu'il me fut impossible pendant tout ce temps-là de dormir l'espace d'un quart d'heure. Il ne faut pas demander si l'on désespéra de ma vie ; on me crut plusieurs fois près de rendre l'âme, cependant je me tirai d'affaire, quoique je fusse âgé de 78 ans et que nous fussions dans un hiver plus rude qu'il n'a coutume de l'être dans notre climat. Rien ne put me tirer de ce péril que le régime que j'observais depuis longtemps. »

Tous les hommes qui passent d'une vie active à une vie de repos, comme les négociants quand ils quittent les affaires ou les vieux officiers quand ils quittent le service, doivent aussi se rapprocher des habitudes sobres de Cornaro, et d'autant plus qu'ils ont une constitution plus faible, que leur respiration a moins d'étendue.

Les vieillards supportent facilement le jeûne : « Jejunium senes non decrepiti, dit Hippocrate, ferunt facillime. » En commentant cet aphorisme, Paracelse fait preuve d'autant d'esprit que de goût : « Senectus decrescit enim velut arbor quæ, appropinquante hyeme, unum folium post alterum amittit unamque virtutem post aliam, et, quo vicinior est autumno, eo minus alimenti requirit, eoque melius carere potest quam cum junior esset, scilicet æstate instante. » Ambroise Paré, contemporain de Paracelse, après avoir recommandé la tempérance, dit : « Toutefois, parce que la vieillesse, quelque gaillarde qu'elle soit, est de sa nature comme une espèce de maladie, il semble meilleur la nourrir des viandes contraires à son tempérament, savoir : chaudes et humides pour toujours retarder les causes de la mort, frigidité et siccité, qui la talonnent de bien près. »

Le laitage convient à un grand nombre de personnes ; Galien cite un centenaire dont le lait avait toujours été la principale nourriture : « Novimus enim senem, dit il, quemdam agricolam qui amplius quam centos annos ruri vitam egerat; huic plurimum nutrimenti caprinum lac erat, quod aliàs cum mica panis in eo macereta statim sumpsit, aliàs mel immiscuit, aliàs coxit etiam, thymi cacumina una cum pane injiciens. »

Le lait est la base de la nourriture d'un grand nombre de peuples pasteurs. On peut le considérer comme un aliment mixte, à cause du beurre et du sucre qu'il contient. Cent parties de lait de vache sont composées de 3 à 3,6 de beurre, 3 à 3,6 de sucre de lait et 3 à 7 de caséine. Mais la caséine a une composition identique à celle de la fibrine et de l'albumine, elle est d'une grande solubilité; c'est du sang sous une forme nouvelle, c'est l'aliment par excellence. Aussi le fromage blanc, qui n'est que de la caséine mélangée à un peu de sucre de lait plus ou moins altéré par la fermentation acide, est-il très-recherché. Le lait caillé et écrémé, composé alors de caséine et de sucre se transformant en acide lactique, se rapproche davantage que le lait des aliments purement plastiques; il n'est pas de praticiens qui n'aient souvent observé combien il réussissait dans une foule d'altérations chroniques du tube intestinal et de ses annexes.

Le lait d'ânesse est celui qui se rapproche le plus du lait de femme; il est riche en sucre et pauvre en beurre et en caséine. Le lait de chèvre et celui de brebis diffèrent peu du lait de vache, seulement ils contiennent un peu plus de sucre.

Les paysans de nos montagnes se nourrissent de lait caillé, de pommes de terre, de galettes de sarrazin et de mauvais pain. Ils économisent le lait caillé et le sel, ils mangent rarement de la viande, ils sont mal logés, mal vêtus, aussi vieillissent-ils de très-bonne heure. A 50 ans ils ont souvent l'air d'en avoir 70 ; presque tous succombent à des maladies de poitrine amenées chez eux par l'insuffisance. Nous avons donc à éviter ici deux écueils : le trop ou le trop peu ; mais le premier est celui où viennent faire naufrage la plupart des hommes qui appartiennent aux classes aisées : ils succombent aux attraits de la gourmandise, ne se souvenant pas qu'elle est un *péché mortel.*

Nos aliments doivent être assaisonnés, ou ils n'excitent pas assez le tube intestinal et la digestion languit, ce qui amène, nous le savons, l'affaiblissement de la peau et une vieillesse prématurée : il faut surtout qu'ils soient suffisamment salés, car le sel est aussi nécessaire à l'homme que l'air qu'il respire. Il est la principale source de la soude du sang et de l'acide hydrochlorique du suc gastrique. Il préside à la plupart des transformations de la vie ; toutes les personnes qui n'en font pas un suffisant usage sont faibles, maladives et vieilles de bonne heure. C'est ce qui explique le goût d'une foule d'animaux pour cette précieuse substance et la prodigalité avec laquelle Dieu l'a répandue sur la terre. Aussi tous les vieux peuples l'entourent de vénération parce qu'ils en connaissent la haute valeur ; la haine de l'Arabe, puissante comme son soleil, disparaît cependant dès que son ennemi a pu toucher à son sel. C'est à un roi faux monnayeur, à Philippe-le-Bel, l'assassin des Templiers, que nous devons le premier impôt du sel. Que la mémoire de ce roi soit à jamais maudite ! « Jam illud, dit

Galien, patere arbitror panem quoque his exhibendum qui nec salem, nec fermentum, nec subactionem, nec justam coctionem desideret... » Jésus, pour montrer l'excellence de ses disciples, les compare au sel de la terre : « Vous êtes, leur disait-il, le sel de la terre, et si le sel était enlevé que resterait-il ? »

J'ai démontré dans le chapitre de la digestion toute l'importance d'une mastication bien complète; n'oublions pas que tous ceux qui mangent vite digèrent lentement et vieillissent vite.

Quelques personnes ne mangent qu'une fois par jour. C'est trop peu; malgré la puissance de l'habitude on souffre alors de la faim ou de l'inanition, on mange trop et trop vite, on fatigue beaucoup son estomac, en l'obligeant à accomplir en un seul acte un travail que l'on aurait dû diviser au moins en trois. L'enfant et l'adolescent doivent faire quatre repas par jour, les hommes sur le retour de l'âge peuvent n'en faire que trois. C'est l'opinion de Galien : « Ergo tutius est, dit-il, imbecillo seni exiguum dare ter die, sicut Antiochus medicus solitus est se cibare, jam quidem annos natus plus quam octoginta ac quotidie ad forum progrediens, etc. » Galien cite à la vérité l'exemple d'un grammairien âgé de près d'un siècle et qui ne faisait que deux repas par jour : « Prandebat septimâ horâ aut paulo citius primum oleribus sumptis, deinde piscibus gustatis aut avibus, vespere autem tantum panem ex vino misto edebat. » Il vaut mieux que le repas du milieu du jour soit le plus copieux; si l'on mange beaucoup le soir, on se couche avant que la digestion stomacale soit faite, mais alors le refroidissement de la peau et la diminution de la respiration qui accompagnent le sommeil, ralentissent cette digestion et fatiguent souvent beaucoup. C'est donc encore là une cause de vieillesse anticipée.

J'ai déjà dit qu'il était nécessaire d'être aussi sobre de boissons que d'aliments. J'ai expliqué au chapitre de la digestion comment l'eau introduite en trop grande quantité dans l'estomac, affaiblissait le suc gastrique et ralentissait la digestion ; j'ai dit aussi qu'augmentant le volume du sang, elle nuisait à l'absorption de l'oxygène pendant la respiration, elle facilitait ainsi l'obésité et affaiblissait la peau. Ambroise Paré connaissait bien les inconvénients de boissons trop abondantes : « Ceux qui sont sujets aux gouttes, dit-il, se doivent garder de boire trop, non-seulement de vin, mais aussi de tout breuvage : car cela fait nager la viande en l'estomac et empesche et éteint la chaleur naturelle, à cause de quoi la concoction est plus difficile, etc. »

Le vin bu en trop grande quantité fournit à l'économie beaucoup d'alcool qui se brûle avec l'oxygène inspiré, en enlève trop au sang et nuit à toutes les transformations de la vie. Il exerce ainsi une influence délétère sur le système nerveux, il hâte l'arrivée de la vieillesse et il abrége singulièrement la vie. L'abus du vin favorise le développement de la goutte et de l'apoplexie, alors même que l'on ne fait qu'en boire habituellement un peu trop. Le vin convient surtout aux hommes de peine, exposés par leur métier à de grands refroidissements ou à de grandes fatigues. Les hommes de cabinet et les hommes de loisirs ne devraient pas en boire beaucoup plus que Cornaro, mais, que nous buvions de l'eau pure ou de l'eau rougie, ou du vin, buvons toujours avec modération.

Le thé et le café à doses modérées sont habituellement des boissons aussi saines qu'agréables. Elles conviennent surtout aux vieillards, dont elles activent la transpiration en réveillant doucement les fonctions du cerveau ; elles sont amies des hommes d'étude, elles savent leur rendre le travail beaucoup plus facile. Toutes deux contiennent une substance très-azotée d'une composition identique, la théine ou la caféine. Agit-elle sur le foie comme le savant Liebig incline à le croire, parce qu'en fixant simplement de l'oxygène ainsi que les éléments de l'eau, elle serait transformée en taurine, principe azoté de la bile, ou bien contribue-t-elle d'une manière plus spéciale à la nutrition du cerveau ? C'est encore pour nous un mystère ; dans tous les cas faisons des vœux en faveur de l'abaissement du prix du thé, du café et du sucre, afin que nos pauvres concitoyens puissent en faire un facile et suffisant usage.

Les alcoolats avaient, il y a quelques siècles, la réputation de pouvoir prolonger beaucoup la vie ; on les nommait aquæ distillatæ prætiosæ, totam naturam roborantes : l'un s'appelait nobilissima tam sanis quam infirmis competens, decima pars immortalitatis : l'autre se nommait aqua conservans hominem in pristina valetudine : celui-ci c'était aqua vitæ quâ Carolus magnus usus et inde annosus factus est : celui-là c'était quinta essentia vitæ nostræ amicissima. Toutes ces préparations sont la plupart du temps beaucoup plus nuisibles qu'utiles. L'eau-de-vie et les liqueurs *à dose modérée* conviennent quand on est très-fatigué ou très-refroidi, hors de cela

le médecin prudent doit toujours les défendre. Prises
habituellement en excès, elles conduisent à la folie
des ivrognes ou delirium tremens, au mépris de
tous les honnêtes gens et à une mort hâtive.

Nous n'avons pas oublié que la transpiration
insensible peut enlever jusqu'aux $3/8^{es}$ de nos aliments
et de notre boisson. Nous savons aussi que nos
excrétions solides égalent à peine en poids le huitième
de l'urine que nous rendons chaque jour, et qu'elles
n'atteignent pas à la vingtième partie de nos aliments
et de nos boissons. Nous savons encore que ces matières se chargent, en traversant les intestins, de
mucosités qu'ils sécrètent et d'un peu de bile, mais
qu'elles ne font point partie de nous-mêmes, qu'elles
ne sont ni dans nos vaisseaux, ni dans l'intérieur de
nos tissus, qu'elles sont une sorte de caput mortuum
qui nous est totalement étranger.

Si ces matières viennent à séjourner un peu trop
dans le gros intestin, elles peuvent gêner par leur
volume et leur poids, mais sans exercer jamais sur notre
économie une influence semblable à celle qui résulte
d'une diminution de la transpiration ou de l'urine.
Cependant un grand nombre d'hommes négligent ces
deux sécrétions, malgré leur importance extrême, et
se préoccupent surtout de leurs garde-robes, croyant
que la durée de leur vie dépend de leur régularité
et de leur abondance; aussi les sollicitent-ils par
toute espèce de remèdes. Ce travers a existé de tout
temps : Galien le critique avec juste raison : « Aloen
vero quod multos senum, quibus siccus venter est,
facere video, dit-il, haudquaquam sumi suaserim. »
Il ne faut pas, sans doute, que la constipation soit
absolue : dans nos climats humides et froids, une

constipation habituelle, mais modérée, est bien plus utile que nuisible, en ce qu'elle favorise les fonctions de la peau. « In fluxu et vomitu, dit Sanctorius, prohibetur perspiratio quia divertitur. » Les personnes qui sont habituellement resserrées sont plus fortes moralement et physiquement, moins exposées à la goutte, à l'apoplexie que les personnes dévoyées, et elles vieillissent beaucoup moins vite aussi. On sait comment le peuple caractérise les lâches; il ne dit pas qu'ils soient resserrés.

Voltaire, dans une lettre à sa nièce, madame de Fontaine, lui dit : « Vous me paraissez à peu près dans le même cas que moi : faiblesse et sécheresse, voilà nos deux principes. Cependant, malgré ces deux ennemies, je n'ai pas laissé de passer 60 ans, et Madame Ledosseur vient de mourir avant 40, d'une maladie toute contraire. Mlles Bessières avaient une vieille tante qui n'allait jamais à la garde-robe; elle faisait seulement tous les quinze jours une crotte de chat, que sa femme de chambre recevait dans sa main et qu'elle portait dans la cheminée; elle mangeait dans une semaine deux ou trois biscuits, et vivait à peu près comme un perroquet; elle était sèche comme le bois d'un vieux violon et vécut dans cet état près de 80 ans, sans presque souffrir. »

Si beaucoup de médecins modernes partagent le préjugé relatif à la grande utilité de la liberté du ventre, c'est qu'ils ont accepté les opinions des médecins de l'antiquité, sans songer que ceux dont les écrits nous restent pratiquaient la médecine dans des pays chauds, où la peau fonctionne souvent trop, et où des selles régulières et quotidiennes ont bien plus d'importance.

CHAPITRE XII.

De l'exercice.

La transpiration et la respiration étant les deux actes les plus importants de la vie physique et les principales sources de l'influx nerveux, il s'en suit que tout ce qui pourra les activer dans de certaines limites augmentera nos forces, conservera notre santé et prolongera notre vie. Aussi, jusqu'à présent, les moyens que nous avons successivement passés en revue, comme propres à combattre la vieillesse, avaient pour principal but le bon entretien de ces deux grandes fonctions : c'est à ce titre encore que nous devons étudier l'exercice, et avec d'autant plus de soin qu'il a plus de puissance, qu'il peut mieux nous aider dans la grande tâche que nous avons entreprise.

L'exercice est un des meilleurs moyens de l'hygiène; les anciens l'avaient parfaitement compris, ils en avaient fait un art très-important, la gymnastique : les barbares dédaignèrent cet art et depuis eux nous l'avions laissé complétement dans l'oubli, quand, sous la restauration, le colonel espagnol Amoros vint l'enseigner à Paris, où il a fondé des gymnases militaires et des gymnases pour l'éducation physique des jeunes gens des deux sexes. Ces établissements se sont multipliés, mais ils sont loin d'être complets et en rapport avec les besoins de nos populations.

M. le docteur Michel Lévi, dans son savant *Traité d'hygiène publique et privée*, paraît croire que les anciens avaient inventé la gymnastique bien plus pour former des athlètes et des soldats, que dans un intérêt de santé. Les médecins de l'antiquité étaient loin de partager son avis. Ils pensaient que la gymnastique, tout en augmentant les forces et en accoutumant à la fatigue, avait surtout pour but l'épuration du corps par l'augmentation de la transpiration, l'élargissement de la poitrine et la guérison d'une foule d'infirmités. Mais, de même qu'ils voulaient que les frictions fussent faites dans tous les sens pour agir, autant que possible, sur toutes les fibres organiques, de même, afin de maintenir dans l'économie une harmonie parfaite, ils voulaient aussi exercer alternativement tous les muscles soumis à l'empire de la volonté.

Nous savons quelle puissance ils peuvent acquérir par l'exercice. Les sauteurs de corde, les matelots et les élèves de nos gymnases le prouvent suffisamment. L'adulte, alors même que son évolution est parfaite, a donc encore beaucoup à demander à la gymnastique. Elle est à nos muscles ce que l'instruction est à notre esprit, et l'homme qu'elle a élevé est aussi supérieur aux autres hommes au point de vue de la force et de l'adresse, qualités si souvent utiles pour soi et pour les autres, que l'homme instruit est supérieur à ceux dont l'intelligence est inculte. Mais l'exercice est surtout utile au point de vue de l'entretien de la santé, aussi Celse le place-t-il, sous ce rapport, au premier rang : « Quem interdiù,

dit-il , vel domestica , vel civilia officia tenuerunt ,
huic tempus aliquod servandum curationi corporis
sui est. Prima autem ejus curatio exercitatio est,
quæ semper antecedere cibum debet, in eo qui minus
laboravit et bene concoxit amplior, in eo qui fatigatus
est et minus concoxit remissior. Commode vero
exercent clara lectio, arma, pila, cursus, ambu-
latio..... » Cœlius Aurelianus vante également
l'exercice : « Etenim jucunda exercitamenta corporis
adjuvant sanitatem. » Il le conseille même, d'après
Asclépiades, comme un remède contre l'hydropisie :
« Nec dum tamen pedibus aut cruribus infuso,
athletarum regulam adhibendam probat, ex plurimâ
deambulatione atque cursu et refricatione, retento
spiritu. »

Au commencement de ce siècle, le docteur suédois
Ling a fondé sur l'exercice seul toute une méthode
de traitement, la kinésithérapie (de *Kinethmos*,
mouvement), que l'on professe aujourd'hui à Stoc-
kohlm , à Pétersbourg et à Londres , ainsi que le
rapporte le docteur Durand Fardel, d'après Georgé,
élève de Ling : il paraît qu'à l'aide de cette méthode
on guérit beaucoup de maladies graves, aiguës et
chroniques.

Tous les exercices augmentent la chaleur du corps :
« Ergo omnis exercitationis commune illud est quod
animali ipsi ex ipsa caloris augmentum excitant »
dit Galien. Mais cette augmentation de la chaleur
entraîne nécessairement celle de la transpiration et
de la respiration, comme Prout l'a démontré par ses
expériences ; l'exercice est donc un remède puissant
à opposer à la vieillesse, qui tend à diminuer de
plus en plus ces deux importantes fonctions ; aussi

Pline le jeune, en nous parlant de Spurina qui se promenait nu au soleil, nous dit-il encore : « Deinde movetur pila vehementer et diu : nam hoc quoque exercitationis genere pugnat cum senectute... inde illi, post septimum et septuagesimum annum, aurium oculorumque vigor integer, inde agile et vividum corpus, solâque ex senectute prudentia. » Ainsi, au rapport de Pline le jeune, Spurina combattait victorieusement la vieillesse par des bains de soleil, de longues promenades et le jeu de balle.

Avicennes tient aussi l'exercice en grande considération et partage en cela l'opinion de Galien : « Amplius exercitium est res quæ magis prohibet ne reflationis materia congregetur, cum alia regimina convenerint ei : et est id quo calor innatus vivificatur, » dit-il. Ambroise Paré le vante aussi comme une chose excellente, et Hufeland, dans sa *Macrobiotique*, considère l'exercice en plein air comme une condition indispensable à la durée de la vie : il regrette beaucoup la gymnastique des anciens : « L'expérience nous apprend, dit-il, que ceux qui ont atteint un âge avancé avaient toujours fait beaucoup d'exercice en plein air. »

La promenade, en montagne surtout, la course, le saut, le combat simulé, le jeu de balle, la gesticulation, le port d'une charge, la lutte, le cerceau, l'équitation, les courses en voiture, la lecture à haute voix, la déclamation et une foule d'autres exercices s'offrent aux hommes qui veulent conserver ou rétablir leur santé.

Oribase (traduction de Bussemaker et d'Arenberg; Paris, 1851) nous donne sur la promenade les conseils suivants qu'il emprunte à Antyllus : « La promenade, employée comme moyen de traitement, doit être longue et accompagnée de déploiement de forces; elle doit se faire en appuyant fortement les pieds et en marchant plutôt sur les talons que sur la plante des pieds et en tendant le jarret; au début elle doit être douce, ensuite plus forte et après cela elle doit de nouveau se ralentir; on calculera la durée d'après les forces.... Les promenades douces conviennent aux gens faibles, à ceux qui font usage de la promenade après le repas, à ceux qui viennent de se lever après le sommeil...... On a observé que la marche qui se fait sur la pointe des pieds est spécialement utile contre les ophthalmies et la constipation, et que la promenade qui se fait en montant convient quand la respiration est courte, ainsi qu'avant le repas et quand cette promenade remplace quelque exercice.....» Le même Antyllus, toujours cité par Oribase, décrit ainsi l'exercice du cerceau : « Il peut ramollir les parties tendues et rendre flexibles celles qui sont desséchées, par les mouvements qu'on fait pour éviter le cerceau et par la multiplicité des positions du corps. Il peut renforcer et relâcher les nerfs affaiblis, exciter la chaleur et rétablir une intelligence stupéfiée ou dérangée par l'effet de la bile noire. Que le diamètre du cerceau soit moindre que la taille de l'homme qui s'en sert, de sorte qu'il lui vienne jusqu'aux mamelles. Il ne faut pas pousser le cerceau seulement en ligne droite, mais aussi en zigzag. La baguette doit être en fer et avoir un manche de bois. Les petits anneaux qui sont à l'intérieur du cerceau ont été regardés par quelques-uns comme superflus, mais il n'en est pas ainsi, car le bruit qu'ils font donne de la distraction et du plaisir à l'âme. Au début, on poussera le cerceau en se tenant droit, mais quand le corps est devenu chaud et humide de sueur, alors il faut sauter et courir çà et là ; vers la fin on poussera de nouveau le cerceau en se tenant droit, afin d'apaiser le trouble produit par l'exercice. Le temps convenable pour le cerceau comme pour les autres exercices, c'est-à-dire les grands, est celui qui précède le repas ou le bain. »

Je ne peux pas répéter ici tout ce que les anciens nous ont laissé sur la gymnastique, mais je crois devoir conseiller à mes confrères qui en auront le loisir de les étudier avec soin : ils comprendront alors toute l'importance de la gymnastique, sans le secours de laquelle, du reste, il serait impossible d'atteindre le but que je poursuis.

Je terminerai ce chapitre en conseillant, avec Galien, aux jeunes gens et aux vieillards des exercices modérés. En règle générale tout ce qui est excessif nuit à l'homme, quels que soient sa force et son âge. Hippocrate disait : « Labor, cibus, potus, somnus, venus, omnia mediocria. » *Rien de trop* est plus court.

CHAPITRE XIII.

Du sommeil.

Les impressions extérieures et tous les actes volontaires, nous condamnent à dormir d'autant plus chaque jour que notre fatigue est plus grande et que nous sommes moins âgés, sans passer toutefois certaines limites. Une fatigue excessive, en effet, nous tient éveillés par les douleurs musculaires qui en sont le résultat. Dans notre enfance nous avons besoin de douze heures de sommeil, six ou huit heures nous suffisent pendant le reste de la vie. L'école de Salerne n'en accordait que sept aux paresseux.

> Sex horis dormire sat est juvenique senique,
> Septem vix pigro, nulli concedimus octo.

La cause qui nous oblige à dormir est encore inconnue. « Le sommeil a lieu, dit Burdach, quand la vie est satisfaite dans le monde extérieur et que rien ne la sollicite plus à se développer davantage... La veille, quand elle a duré un certain temps, amène le sommeil en vertu de la périodicité qui a son fondement dans la vie. » « Tout excitement de l'état organique du cerveau, dit Muller, qui met en jeu l'activité de l'âme, rend peu à peu le viscère lui-même incapable de suffire à cette action et provoque le sommeil, qui est ici la même chose que la fatigue pour toute autre partie du système nerveux. » « Est autem somnus nihil aliud, dit Pline, quam animi in medium recessus. »

« A partir du moment de la naissance, dit le docteur Longet, notre existence est assez inégalement partagée en deux états bien différents : l'état de veille et l'état de sommeil. Du premier on a voulu faire la vie réelle, on a comparé le second à la mort, que l'on a appelée du nom de sommeil éternel. De là vient que, prenant pour norme la veille, on s'est péniblement évertué à expliquer pourquoi survenait le sommeil, quels étaient son but, son origine et sa terminaison. Mais que ne s'est-on donné la même peine pour expliquer la veille, qui n'est pas plus l'état normal de l'existence que le sommeil ?

L'homme dort et veille : comment s'endort-il, comment dort-il, comment s'éveille-t-il? Telles sont les principales questions que comprend l'étude du sommeil. Quant à l'explication des phénomènes qui s'y rapportent, l'extrême difficulté d'en donner une bonne sera bientôt démontrée par l'exposé succint des diverses théories qu'on a successivement émises. »

Dépensons-nous pendant la veille plus de puissance nerveuse que nos sécrétions n'en produisent incessamment? Cela est possible, mais notre cerveau lui-même doit se surexciter par l'effet des impressions nombreuses auxquelles il est soumis. La turgescence sanguine qui en résulte est sans doute une des principales causes du sommeil et de sa nécessité. C'était l'avis de Cabanis : « Sitôt que le sommeil commence à se préparer dans le cerveau, dit-il, le sang, par une loi qui dirige constamment son cours, s'y porte en plus grande abondance. »

La peau elle-même joue un rôle important dans ce grand intermède de la vie, qu'Homère appelait le frère de la mort. En effet, le froid intense chez l'homme, en arrêtant les fonctions de la peau, provoque au sommeil qui est bientôt suivi d'une asphyxie mortelle, si l'on ne se hâte de lutter contre lui. C'est de la même manière que le froid agit sans doute chez les animaux hibernants, dont le sommeil est si long et si complet. Ce sommeil est dû à un défaut de puissance nerveuse, il est évidemment une négation.

En est-il de même du long sommeil de certains insectes, de mollusques, de reptiles et même de mammifères qui, tels que l'échidné et le tenrec, s'endorment pendant l'été, dans les pays chauds, comme le font nos animaux hibernants pendant la saison froide. Chez les uns l'excès de la chaleur produit le même effet que l'excès du froid chez les autres, un sommeil de plusieurs mois. Il est très-probable que la chaleur, en desséchant l'épiderme, suspend ainsi les fonctions de la peau, et ne laisse plus au système nerveux que la puissance nécessaire pour continuer une vie alors peu différente de la mort.

Il est possible que l'application d'un enduit imperméable sur une grande étendue de la peau rende en été, à nos reptiles, un sommeil prolongé, comme leur sommeil d'hiver. Cette expérience que j'indique et que je vais faire, aurait, si elle était suivie de succès, une grande valeur physiologique. On pourrait peut-être, par ce procédé, plonger les mammifères eux-mêmes dans un long et profond sommeil, reproduire ainsi, dans le monde réel, la léthargie féerique à laquelle Perrault à su donner tant de charmes, et prolonger beaucoup l'existence de ces animaux, en leur faisant franchir en dormant une longue suite d'années.

Le sommeil est, comme tous nos autres besoins, soumis à l'empire de l'habitude. Le cultivateur ne dort pas plus de six heures. L'homme d'étude et d'activité n'en dort pas plus de sept, mais beaucoup d'hommes passent neuf, dix et douze heures au lit, et prétendent que cela est indispensable à leur santé. Il faut entendre ces pauvres paresseux vous dire leur migraine, leur malaise, leur fatigue excessive, quand ils n'ont pas pu jouir de leur long sommeil.

L'homme qui fume, qui mâche du tabac ou qui en prise, l'ivrogne, le preneur de hatchisch, tous ces esclaves d'une erreur, souffrent et se plaignent également quand ils ne lui ont pas payé leur tribut quotidien. Aussi, sans m'arrêter à ces plaintes pour lesquelles j'ai peu de pitié, vais-je examiner les inconvénients du sommeil trop prolongé.

Ce sommeil raccourcit beaucoup chacune de nos journées et diminue ainsi la durée de notre existence réelle. En effet, si nous dormons dix heures par jour, c'est trois heures de trop ou plus du sixième de notre veille, qui doit être de dix-sept heures au moins; en 60 ans nous nous privons ainsi de près de onze années d'existence : n'est-ce pas une perte bien regrettable quand nous ne l'évaluerions que par tout le bien que nous aurions pu faire, tout le travail utile que nous aurions pu accomplir, toutes les jouissances que nous aurions pu goûter? mais il s'en faut bien que la perte éprouvée se borne à si peu.

Quand le sommeil est calme et qu'il ne dure pas plus de six ou de sept heures, la transpiration insensible se fait tellement bien alors, que Sanctorius l'estime au double de ce qu'elle serait pendant la veille et dans le même espace de temps ; mais quand le sommeil se prolonge trop, comme pendant toute sa durée la respiration est moins active que pendant la veille, la peau tend à se refroidir et la transpiration insensible diminue beaucoup. Alors notre sang s'altère, souvent nous devenons très-gras, mais la goutte, les rhumatismes, les névralgies, l'apoplexie et une foule d'autres incommodités viennent nous punir de notre paresse. Sanctorius l'avait bien observé : « Per nimium somnum, dit-il, interiora et exteriora frigescunt, humores impinguntur, redduntur inperspirabiles et corpora ponderosiora fiunt. »

Tous les physiologistes, du reste, sont d'accord sur le refroidissement de la peau pendant le sommeil. Muller l'a aussi constaté : « L'homme qui dort, dit-il, a besoin d'une plus grande masse de chaleur extérieure que celui qui veille, et souvent il arrive qu'en se réveillant on est plus sensible à l'impression du froid. »

En dormant trop nous vieillissons vite et, aux maladies graves dont je viens de faire l'énumération, s'ajoutent les rides et les cheveux gris, une vieillesse hâtive et une mort prématurée. « Le sommeil trop prolongé, dit Adelon, hébète et engourdit. » Voici ce qu'Hufeland dit du sommeil trop prolongé : « Les veilles prolongées réunissent donc toutes les conditions défavorables à la vie : dissipation continuelle de la force vitale, destruction des organes, accélération de la consommation et retardement de la restauration. Il ne faut pas croire cependant que dormir longtemps soit le meilleur moyen de prolonger la vie. Trop de sommeil accumule les humeurs superflues et nuisibles, relâche les organes, les met hors d'état de remplir leurs fonctions et peut également, par cela même, contribuer à abréger la vie. On ne devrait jamais dormir moins de six heures ni plus de huit. » « Le sommeil trop prolongé, dit Michel Lévi, produit l'obésité, la bouffissure, l'atonie, la pesanteur de tête, l'émoussement des facultés sensoriales et morales, la paresse, la morosité. » Avicennes s'explique ainsi sur le sommeil trop prolongé : « Si autem somnus multum prolongatur, replebitur caput humoribus. » Tout à l'heure nous avons vu combien Hufeland s'élevait contre les veilles trop prolongées : voici comment Londe dépeint leurs funestes effets : « L'abattement que décèlent les traits des personnes excitables et sèches qui font de la nuit le jour, la pâleur de leur teint prouvent assez que le sommeil qu'elles invoquent, tandis que le soleil est sur l'horizon, n'est jamais aussi profond et aussi réparateur que celui qu'on trouve pendant la nuit, dans l'absence de tous les excitants sensoriaux : pourquoi tant de femmes du grand ton, et qu'on ne peut accuser d'abus de stimulants gastriques, sont-elles pâles, étiolées, ont-elles la vue usée prématurément ? C'est précisément parce qu'elles croient indifférente l'habitude de dormir le jour ou la nuit. Les personnes qui veillent la nuit ne s'exposent pas seulement à tout ce que cette veille a de destructeur pour la santé, elles se privent encore de l'influence salutaire du calorique et de la lumière solaire, de l'air plus oxygéné du jour, etc. »

Tous les observateurs sont donc d'accord pour proscrire le sommeil trop prolongé et commencé à une heure trop avancée de la nuit. Mahomet dit dans le *Coran* : « Mais Dieu, par l'effet de sa miséricorde, vous a donné la nuit et le jour, tantôt pour vous reposer, tantôt pour demander à sa bonté des richesses par le travail, et cela afin que vous soyez reconnaissants. » Oui sans doute, Dieu nous a donné le jour pour travailler et la nuit pour nous reposer de ce travail. Les personnes qui veillent tard, qui font de la nuit le jour, se fatiguent beaucoup la vue et le cerveau par l'éclat des bougies, elles étiolent leur peau en la privant de l'action si bienfaisante de la lumière du matin ; les rides, les cheveux gris, les douleurs de tous genres, l'asthme, d'interminables catarrhes et la mort longtemps avant l'âge les punissent de cette infraction à l'une des principales lois de l'hygiène. Ne dormons donc jamais plus de sept heures, et que minuit marque à peu près toujours la moitié, ou du moins le premier tiers du temps que nous passons au lit.

On sait de quelle importance il est de faire lever les jeunes gens dès qu'ils sont éveillés. C'est une excellente habitude à conserver pendant le reste de la vie.

J'ai déjà dit, à l'occasion des vêtements, qu'il fallait être suffisamment couvert dans son lit. J'ai vu des hommes ne conserver qu'un drap en été et se contenter en hiver d'une simple couverture de coton. Beaucoup de personnes découvrent leurs bras et leur poitrine en dormant. Les plus forts en souffrent : les rhumatismes, l'apoplexie, l'asthme et la phthisie n'ont souvent que cette cause, ainsi qu'une foule d'autres

maladies graves, suivant les prédispositions indivi-
duelles. L'ours et le renard dans leurs tannières ne
se dépouillent pas des poils qui les couvrent ; ils
les gardent la nuit comme le jour, et ils en ont plus
besoin encore la nuit que le jour, car, on le sait, le
corps tout entier produit moins de chaleur pendant la
nuit. Soyons donc suffisamment couverts quand nous
dormons. Un lit un peu dur est préférable à un lit
trop mou, en effet celui-ci accumule trop de chaleur
sur les parties du corps qui sont appuyées sur lui, il
occasionne souvent ainsi des surexcitations fâcheuses
des organes génitaux ; il détermine des sueurs qui
affaiblissent ; il rend très-frileux.

On peut donc, par de mauvaises habitudes relativement au sommeil, diminuer d'un sixième à un
quart chacune de ses journées, hâter beaucoup
l'arrivée des infirmités de la vieillesse et abréger
considérablement la durée de sa vie.

CHAPITRE XIV.

Des Rides et du Teint.

L'étude de l'organisation nous prouve qu'elle s'est développée à des époques différentes, et qu'elle a commencé par les animaux les plus simples pour s'arrêter à l'homme, le plus parfait d'entre eux comme le dernier créé, ainsi que l'attestent Moïse et tous les monuments géologiques. Mais, si les animaux les plus récents sont les plus parfaits, la femme, suivant la Genèse, étant venue sur la terre après l'homme, nous nous expliquons ainsi sa beauté, sa grâce, son esprit si délicat et si vif, sa bonté, sa charité, sa modestie, son dévouement et toutes les rares qualités enfin qui l'élèvent habituellement si haut dans le monde physique et moral que, pour mieux la peindre, nous disons d'elle qu'elle est un ange : ange de douceur et de beauté dans sa jeunesse, ange de bonté et de charité, quand l'âge l'a dépouillée de ses charmes.

Avec une part aussi belle, alors même que la vieillesse est venue la réduire, les femmes ne regretteraient rien et s'apercevraient à peine de la perte de leurs attraits, si nous n'y attachions tant de prix : c'est donc principalement pour nous qu'elles désirent les conserver le plus longtemps possible.

Si cet ouvrage n'était pas uniquement destiné aux médecins, et si les dames devaient le lire, je

7

voilerais la vérité pour épargner leur modestie,
et je ne dirais pas que c'est sans doute en raison
même de leurs perfections qu'il leur a été recommandé d'être soumises à leurs maris. L'humilité va
bien aux forts, elle est bénie de Dieu, et Mahomet
le reconnaît lui-même, car il dit dans le *Coran* :
« Les humbles obtiendront le pardon de Dieu et une
récompense généreuse. » En tenant un pareil langage aux dames, elles m'accuseraient de leur faire
des compliments, elles s'en fâcheraient peut-être,
et ce serait un obstacle qui m'empêcherait de les
dérider, comme j'ai entrepris de le faire.

J'ai déjà donné, dans le cours de cet ouvrage, un
grand nombre de conseils dont l'ensemble a pour but
d'éloigner beaucoup l'arrivée des rides, de les faire disparaître quand elles sont déjà venues, ou, du moins,
d'en diminuer la profondeur et le nombre. J'ai même
dit comment, à l'aide de l'électricité, on devait
rendre à la peau vieillie son ancienne fraîcheur,
sa souplesse, son teint, sa puissance, et j'ai promis
que ce rajeunissement irait jusqu'à faire reproduire
des cheveux colorés comme dans la jeunesse, aux
têtes le plus chenues, et des dents aux bouches le
plus abandonnées. Mais toutes les dames n'ont pas
encore à leur disposition des machines électriques
capables de produire ces grands et merveilleux résultats, et beaucoup d'entre elles, je le dis à regret,
et bien bas, ont des rides. Que faire ? les cacher
avec du fard ! mais autant vaudrait porter dans le
monde un masque à la manière des acteurs de l'antiquité, et puis ce fard nuit singulièrement à la peau.
Les anciens la soignaient beaucoup, la cosmétique
était chez eux une branche importante de la médecine.

Galien, après nous avoir donné la liste curieuse des matières contenues dans les quatre livres de l'ouvrage de Criton, intitulé *de ornatu capitis*, et alors entre les mains de tout le monde, nous dit qu'il ne répétera pas les moyens conseillés par cet auteur, pour produire une beauté artificielle et bâtarde, *spuria pulchritudo non vera*, mais seulement ceux-là qui peuvent conserver la beauté que l'on doit à la nature : « Solumque mentionem eorum faciam quæ pulchritudinem secundum naturam conservant. » Pline l'ancien n'a pas non plus dédaigné ce sujet ; en parlant des rides et des autres altérations de la figure, il dit : « Frivolum licet videatur : non tamen omittendum propter desideria mulierum. »

Nous pouvons donc, après ces deux grands hommes, nous occuper de la partie *honnête*, si je puis ainsi dire, de la cosmétique, et en faire quelquefois l'objet dé nos méditations. Les anciens conseillaient, contre les rides et les taches de la peau, des cataplasmes de farine de fève pétrie avec du miel ou du blanc d'œuf. Ils préféraient ce cataplasme quand la farine avait été mâchée. « A manducatione autem summe discussiorium redditur nimirum viribus a salivâ adsumptâ » dit Galien. Ils prescrivaient aussi les poumons de porc en cataplasmes, et j'ai connu une dame qui employait des tranches de veau cru au même usage, mais ces derniers moyens sont fort dégoûtants : disons de chacun d'eux avec Galien : « Hoc remedium non tolerarit vir munditiem amans. »

Les dames romaines faisaient un grand usage de cataplasmes en pâte de pain trempée dans du lait ; cette invention était due à la fameuse Poppée, la

femme de Néron. Voici la manière peu séduisante
dont Martial peint une de ces dames à son réveil :

> « Interea fœda aspectu, ridendaque multo
> Pane tumet facies..... »

Pline l'ancien nous dit que l'on regardait le lait
d'ânesse comme propre à effacer les rides de la
peau, à la blanchir et à l'attendrir : « Cutem in facie
erugari et tenerescere et candorem custodire lacte
asino putant. » La femme de Néron se faisait ac-
compagner de troupeaux d'ânesses pour se baigner
dans leur lait. « Poppeaque hoc uxor Neronis
principis instituit, balnearum quoque sic solio tem-
perato asinorum gregibus ob hoc eam comitantibus »
dit-il encore. L'eau d'un pied de veau cuit pendant
40 jours et 40 nuits, servait à effacer les rides et
conservait la blancheur du teint. On guérissait les
ulcérations de la figure avec l'arrière-faix de la vache.
La fiente de veau battue avec de l'huile et de la
gomme, enlevait les taches de la figure ; l'urine
d'âne, « cirea canis ortum », était employée au même
usage. On rougissait les joues avec de la fiente de
taureau, de crocodile ; on guérissait les ulcérations
de la bouche et les gerçures de la peau avec une
pommade de suif de veau ou de bœuf, de graisse
d'oie et de suc de basilic. On employait aussi au
même usage le suif de veau, la moelle de cerf et
les feuilles d'épine blanche, broyés ensemble : la
moelle de cerf ou de vache broyée avec de la résine :
le fiel d'âne ou de chien, étendu d'eau : du suif de
taureau, du fiel de veau, de la sarriette et des cendres
de cornes de cerf : le fiel du bouc mêlé à du fromage,
à du soufre et à de la cendre d'éponge, le tout réduit

en consistance de miel, s'employait contre l'éphélide lenticulaire : la mandragore contre les cicatrices : « Stigmata in facie mandragora illita delet. » (Pline.)

Les anciens employaient aussi les graisses d'hyènes, de panthères et de lions; Henri III se servait, la nuit, des cataplasmes de Poppée, et se lavait chaque matin la figure avec de l'eau de cerfeuil, pour conserver sa peau.

« Endormi sur le trône, au sein de la mollesse,
Le poids de sa couronne accablait sa faiblesse. » (Henriade.)

Les anciens recommandaient aussi, pour le même usage, des applications de fromage récent et mou, sans sel ou salé, suivant les cas. On pourrait aussi appliquer sur la figure des vessies mouillées, à demi remplies de lait.

« A telles femmes qui se fardent pour leurs plaisirs et délices, dit Ambroise Paré, je ne leur voudrais donner aucun aide; mais bien à celles qui sont honnêtes, fuyans les marques de vieillesse et de turpitude, désirans éviter l'indignation de leurs maris; et à icelles les moyens qui s'en suivent s'adressent pour pallier leurs rides et couleurs mauvaises. » Il conseille de laver d'abord la figure avec de l'eau tiède dans laquelle on aura délayé de la farine de riz, de l'amidon ou de la farine d'orge. On pourra préférer à cette préparation des eaux distillées d'escargots de vigne, de jus de limons, de fleurs de bouillon blanc mêlées à quantité égale d'eau contenue dans les bourcettes de l'orme; il prescrit de porter, pendant la nuit, un masque enduit de la préparation suivante : cire blanche grenée 4 onces, graisse de chevreau fondue, suif

de bouc et térébenthine de Venise , de chaque une
once, blanc de baleine 2 onces, camphre 1 gros ;
faites fondre le tout ensemble et trempez-y la toile,
que vous lisserez ensuite et que vous conserverez
soigneusement pour en faire des masques. Il recommande encore, pour adoucir la peau et éclaircir le
teint, de se frotter le soir la figure avec de la
moelle d'os de mouton, ou bien avec la composition
suivante : cire blanche 2 onces, huile d'amandes
douces 4 onces, graisse récente des reins de chevreau, poudre de céruse lavée à remplacer par du
blanc de zinc, autant qu'il en faut pour réduire le
tout en consistance de pommade. On s'en graissera
la figure le soir et on la lavera le matin avec de
l'eau de son de blé. Ambroise Paré indique, comme
un excellent remède contre les rougeurs de la face,
le mélange suivant : fiente de petits lézards, os de
vache, tartre de vin blanc, râclures de cornes de
cerf, farine de riz, de chaque partie égale; faites
une poudre que vous laisserez tremper dans de l'eau
distillée d'amandes douces, d'escargots de vigne et
de fleurs de nénuphar; vous y ajouterez autant de
miel blanc, et vous incorporerez le tout dans un
mortier de verre ou de marbre. Vous conserverez
cette préparation dans des vases de verre ou de
fayence. Le matin on se lave la figure avec l'une
des eaux précédemment indiquées.

Pour colorer la peau trop pâle, Ambroise Paré
donne la prescription suivante : dans une pinte d'eau-
de-vie bien rectifiée, faites infuser sur des cendres
chaudes une once de bois de Brésil, 10 clous de
girofle, autant de grains de patates, 5 grains de
cubèbes que vous aurez préalablement pulvérisés;

on mêle cette teinture à de l'axonge et on s'en frotte le visage et les lèvres.

Voici une formule d'eau cosmétique donnée par Huféland pour s'en laver le soir en se couchant : pâte d'amandes 2 gros, eau de fleurs d'oranger et de roses, de chaque 7 onces ; faites une émulsion et ajoutez-y teinture de benjoin et borax, de chaque un gros. On supprime le borax quand la peau est très-irritable ; s'il y a des exanthèmes, on remplace cette eau par la préparation suivante : eau distillée une livre et demie, lait de soufre 5 gros, camphre 2 gros, pour s'en laver matin et soir. J'ai vu des dames employer la teinture de benjoin pure : c'est un abus grave et qui ne peut que vieillir vite la peau, quand on ne l'enflamme pas. Les fraises légèrement écrasées et appliquées la nuit sur le visage, enlèvent les taches de hâle ; le matin on se lave la figure avec de l'eau de cerfeuil. Nous trouvons dans l'*Ami des femmes*, par le docteur Saint-Ursin, le passage suivant, au chapitre *Teint* : « On conseille le bain de lait, celui de pâte d'amandes, l'eau de chair, l'eau de mouron, les pleurs de la vigne, l'eau distillée du miel, le lait, le suc de melon, le jus laiteux de l'orge encore verte, l'eau de lin à laquelle on ajoute, par pinte, dix gouttes de baume de la Mecque rendu soluble par un oléo-saccharum ou par un jaune d'œuf. »

CHAPITRE XV.

Des Cheveux et des Dents.

Notre peau est nue., si nous la comparons du moins à celle des autres mammifères, aussi nos longs cheveux nous avaient-ils été donnés comme une sorte de vêtement, trop incomplet pour que nous n'ayons pas dû y renoncer bientôt. Les cheveux ont conservé malgré cela une grande importance; ils abritent la tête de l'homme contre le froid, l'humidité, un soleil trop ardent, et ils sont un des plus beaux ornements de la femme; disons toutefois que la nature ne voulait pas, en nous les accordant, qu'ils fussent amoncelés sur la tête en un épais chignon, et que beaucoup de névralgies, de migraines, de maux de dents et d'accidents plus graves résultent de cette mode vicieuse. J'ai vu chez une de mes malades la folie céder sous les ciseaux de la coiffeuse, pour reparaître quelques mois plus tard et céder encore au même remède. Appelé en consultation pour une jeune demoiselle atteinte de fièvre typhoïde et dont la convalescence ne pouvait pas se prononcer, je la décidai en lui faisant couper les cheveux.

Que de femmes éprouvent un grand bien-être au moment où leurs cheveux sont étalés sur leurs épaules, et où l'action du peigne favorise l'arrivée d'un air frais jusque sur le cuir chevelu! Toutes celles-là devraient se coiffer à la Titus dès que leur âge leur permettrait ce sacrifice, et, jeunes ou belles encore, elles devraient laisser flotter leurs cheveux sur leurs épaules; elles les retiendraient avec des couronnes, des liens de fleurs ou des pierreries; leurs attraits n'y perdraient rien, leur santé y gagnerait beaucoup.

Je ne décrirai pas ici le follicule pileux au fond duquel repose le germe ou la racine des cheveux, qui reçoit des vaisseaux et des nerfs, et sécrète continuellement la matière cornée du poil. Ce germe ou bulbe, on le sait, peut se reproduire indéfiniment.

Les cheveux contiennent de la graisse qui leur donne leur flexibilité; on peut l'extraire à l'aide de l'alcool. La stéarine de cette graisse est blanche, mais son élaïne est d'un rouge violacé dans les cheveux rouges, et d'un noir grisâtre dans les cheveux noirs ou bruns, elle est leur matière colorante; aussi les cheveux des nègres rougissent d'abord dans l'alcool, puis blanchissent. Quand la vieillesse vient blanchir nos cheveux, cela tient donc à ce que l'élaïne est devenue incolore elle-même.

L'analyse chimique trouve dans nos cheveux, outre les substances animales, des chlorures de potassium, de sodium et de fer, des sulfates, des phosphates et des carbonates calcaires, des traces de manganèse. Le soufre existe en grande quantité dans nos cheveux, c'est probablement lui qui les colore en s'unissant au fer et au manganèse. Quand nos cheveux blanchissent, cela vient donc de ce que leurs bulbes et leurs follicules ne peuvent plus séparer du sang assez de soufre, de fer, de manganèse, ou de ce que le sang lui-même n'en contient

plus alors en quantité suffisante. Dans le doute,
il n'y aurait presque jamais d'inconvénient alors
de prescrire un long usage de ces substances à
l'intérieur, mais à petites doses. On pourrait aussi
les appliquer sur le cuir chevelu en les associant
aux chlorures, aux sulfates, aux phosphates et aux
carbonates que l'on rencontre dans les cheveux ;
mais, avant tout, il faut s'efforcer de prévenir la
décoloration de ces derniers, en se soumettant à
toutes les règles hygiéniques que j'ai tracées dans
cet ouvrage. A leur aide, en effet, on entretient
la peau dans un état de force habituelle qui prévient
toute maladie, toute altération des cheveux.

Voici la formule d'une poudre que j'emploie et
que je recommande.

Sous-carbonate de soude. 6 grammes.
Sel commun 10   —
Poivre. 1   —
Poudre de fer. . . . . . .
Poudre de manganèse . . . de chaque,
Fleur de soufre lavée. . . 5 grammes.

Mêlez et porphyrisez, pour en mettre matin et
soir sur les portions dénudées du cuir chevelu et
sur les têtes dont les cheveux blanchissent.

Les anciens teignaient déjà leurs cheveux, Martial
se moque ainsi des vieillards qui avaient recours
à ce moyen :

> Mentiris juvenem tinctis, Lentine, capillis,
> Tum subito corvus, qui modo cygnus eras.

La pommade convient aux dames pour empêcher
leurs cheveux de se casser, mais il faut qu'elles

l'emploient avec une sage économie et qu'elles évitent d'en couvrir leur peau, comme le font beaucoup d'entre elles. Cet abus, en affaiblissant la peau, amène bien plus vite les cheveux blancs ou la chute des cheveux. Les paysans ne connaissent pas l'usage de la pommade, et leur chevelure est généralement beaucoup plus épaisse que celle des habitants aisés des villes.

On vend chez les parfumeurs des eaux préparées pour teindre les cheveux, la plupart sont extrêmement dangereuses ; il faut repousser toutes celles qui contiennent de la pierre infernale, de l'arsenic, de la chaux, des sels de plomb ou de mercure, alors qu'on ne veut pas attendre d'un traitement général et local le retour aux couleurs du jeune âge, ou que l'on veut, au contraire, cacher cette couleur sous une autre qui plaise davantage. Ambroise Paré donne plusieurs formules pour noircir les cheveux, la seule qui n'offre point de danger est « le jus de l'escorce de noix verte comme l'on peut connaître par les mains de ceux qui cernent les noix nouvelles qui en sont noircies pertinécitement. » Nous trouvons dans Galien « De compositione medicamentorum secumdum locos » un certain nombre de recettes pour teindre les cheveux qu'il extrait des ouvrages d'Archigènes « honestissimus vir », et qu'il ne donne aux médecins que pour l'usage des reines « quibus minime negare licet. » Parmi ces recettes, il y en a qui ne sont pas nuisibles, telles que la racine de caprier broyée dans du lait de femme ou d'ânesse, le tout réduit au tiers par la cuisson ; l'écorce de racine de chêne vert cuite à l'eau, etc. ; mais ce ne sont pas les apparences de la vieillesse que je me suis chargé de combattre, c'est la vieillesse elle-même que j'attaque ; je renvoie donc à Galien et à Pline ceux qui désirent connaître les secrets de l'antiquité. « De pharmacis capillos denigrantibus. »

La calvitie et l'alopécie sont également dues à un affaiblissement du cuir chevelu, qui se trouve alors dans un état à peu près semblable à celui de la convalescence d'une maladie aiguë et grave : alors, en effet, il y a également chute des cheveux, seulement, pour l'ordinaire, dans ce dernier cas, ils repoussent aussi abondants qu'ils étaient, ce qui n'a pas lieu dans la calvitie et dans l'alopécie abandonnées à elles-mêmes.

Il faut, quand on entreprend le traitement de ces affections, étudier avec soin la santé générale et chercher à découvrir la cause de l'accident que l'on combat. Cette recherche est habituellement suivie de bons résultats ; l'étiologie est un des meilleurs guides que puisse prendre le médecin : pourquoi est-il si dédaigné par beaucoup de nos confrères ?

Il faut, ainsi que je l'ai dit, entretenir, par un bon régime, l'ensemble de la peau dans les meilleures conditions possibles ; si quelque sécrétion habituelle, telle, par exemple, qu'une sueur des pieds, des aînes ou des aisselles était arrêtée, il faudrait avant tout la rétablir, sous peine de voir des maux bien plus graves s'ajouter aux accidents dont nous nous occupons ici. Il faut se peigner fortement, chaque jour, les cheveux et la barbe de manière à rougir la peau ; je parle ici de la barbe parce qu'elle aussi peut trahir la vieillesse, et qu'elle est, du reste, un puissant moyen d'éloigner les caries dentaires, les douleurs des dents, les névralgies faciales.

Dzondi, Dieffenbach et Wieseman, au rapport de Muller, ont arraché et replanté immédiatement des cheveux qui ont repris racine dans la peau : faisons en sorte de ne pas être forcés de recourir à ce moyen de remplacer nos cheveux, conservons-les, ou, s'ils sont tombés, sachons forcer la peau à en reproduire de nouveaux, rendons-lui donc sa puissance première. Les anciens le comprenaient ainsi. Asclépiades conseillait de raser fréquemment le cuir chevelu dépouillé, de le rougir à l'aide de sinapismes et de frictions, puis de le recouvrir plus tard d'emplâtres de poix ; il conseillait aussi dans ce cas les applications d'oignons et d'écorce de raifort broyés ensemble. Galien recommande contre la chute des cheveux l'euphorbe, la thapsie, les ellébores blancs et noirs, les cendres d'alcyons, de roseaux, d'amandes amères, etc., etc., mais avec la précaution d'appliquer les substances âcres de manière à exciter modérément la peau sans jamais l'ulcérer. L'électricité peut admirablement bien produire cette excitation modérée, et je ne doute pas que bientôt on ne la considère comme le restaurateur par excellence de l'homme vieilli, comme la véritable *fontaine de Jouvence*, aussi désirée qu'elle a été introuvable jusqu'à présent.

La membrane muqueuse de la bouche s'enfonce dans le sillon alvéolaire et fournit les follicules, les germes des dents. Il y a sous ce rapport une grande analogie entre ces organes et les cheveux, seulement ceux-ci tombent et peuvent se reproduire presqu'indéfiniment, tandis que nos dents, limitées dans leur nombre, ne peuvent être habituellement remplacées qu'une fois. Mais nous avons vu, dans l'avant-propos de cet ouvrage, que la nature peut, par exception, produire des dents solides et nombreuses à un âge très-avancé, et nous n'avons pas oublié cet homme du Palatinat qui, de 116 à 120 ans, terme de sa vie, eut successivement 50 dents nouvelles. Cela tend à prouver au moins qu'il existe dans l'âge le plus avancé de nombreux germes de dents dans la muqueuse alvéolaire ; c'est à l'art à chercher les moyens de les féconder au besoin. Il me semble qu'à l'aide d'une armature métallique recouvrant les gencives et d'une pile dont le pôle négatif serait en communication avec cette armature, tandis que son pôle positif serait appliqué sur la face, on rendrait à la muqueuse une grande vitalité, on réveillerait la puissance nerveuse dans les filets de la cinquième paire qui animent les dents et leurs follicules, et ces derniers seraient ainsi dans les meilleures conditions pour arriver à un développement complet. C'est de cette manière que j'essaierai l'électricité pour rendre de la force au cuir chevelu.

Mais, en attendant que cette vue d'avenir soit réalisée, faisons tous nos efforts pour conserver nos dents, car sans elles il nous est très-difficile de bien mâcher, et une mastication parfaite est, nous ne l'avons pas oublié, une des conditions indispensables à la longue durée de la vie. Épargnons à nos dents la lime du dentiste qui, en les dépouillant de leur émail, met à nu les tubes innombrables qui vont de l'émail à la cavité de la dent, et qui, une fois à découvert, deviennent une cause d'intolérables douleurs et de caries dentaires.

On a conseillé une foule de moyens pour entretenir

la propreté des dents et le bon état des gencives. Nous devons éviter l'usage habituel de poudres très-dures, qui nettoient trop bien les dents et usent leur émail. La fleur de soufre est un très-bon dentifrice, elle nettoie bien les dents sans leur nuire, elle resserre et fortifie les gencives. Les Anciens employaient, et les Grecs et les Orientaux emploient encore aujourd'hui le mastic en larmes. On le mâche sans cesse, mais surtout le matin. Il blanchit les dents, raffermit les gencives, donne à la bouche une odeur agréable. Il est stomachique et antispasmodique tout à la fois.

Je ne peux pas faire ici un traité des maladies des dents. On en évitera beaucoup si on s'astreint à suivre les conseils que j'ai donnés. On fera cautériser et plomber à temps les dents creuses, afin d'en arrêter la destruction. Les maladies des dents exigent souvent les soins d'un dentiste habile, plus souvent encore les conseils d'un médecin éclairé. Les anciens connaissaient l'art du dentiste.

> « Thaïs habet nigros, niveos Lecania dentes,
> Quæ ratio est? Emptos hæc habet, illa suos. »

dit Martial. Nous trouvons dans leurs écrits un grand nombre de formules contre toutes les affections de la bouche, consultons-les souvent. Malgré la supériorité de la science moderne, nous n'avons qu'à gagner avec les pères de la médecine, nul parmi nous n'a le droit de les dédaigner.

CHAPITRE XVI.

De l'Obésité.

L'obésité est une maladie fort commune et à peu près abandonnée par les médecins modernes. Au siècle dernier, l'infortuné Louis XVI et son aïeul Stanislas, dans ce siècle, un roi de Wurtemberg et Louis XVIII en sont des preuves manifestes.

Chez les anciens, cette incommodité avait des conséquences bien plus graves qu'elle ne peut en avoir aujourd'hui : aussi se préoccupait-on davantage des moyens de la guérir, moyens que les anglais ont conservés en partie avec le pugilat, mais qui ne sont employés chez eux qu'à préparer les boxeurs et les jockeys, sans être considérés comme faisant partie du domaine de la médecine.

L'obésité est non-seulement un embarras continuel, mais elle est aussi une menace sérieuse pour ses victimes. « Obesi plerumque acutis morbis et difficultate spirandi strangulantur : subitoque sæpe moriuntur : quod in corpore teniore vix evenit, » nous dit Celse ; il est rare en effet que les personnes très-grasses vivent longtemps.

Buffon, dans son histoire naturelle de l'homme, rapporte de curieuses observations d'obésité excessive : « Il se trouve quelquefois, dit-il, des hommes d'une grosseur extraordinaire ; l'Angleterre nous en fournit plusieurs exemples. Dans un voyage que le roi Georges II fit en 1724 pour visiter quelques-unes de ses provinces, on lui présenta un homme du comté de Lincoln, qui pesait 585 livres, poids de marc : la circonférence de son corps était de 10 pieds anglais et sa hauteur de 6 pieds 4 pouces (le pied anglais n'a que 11 pouces); il mangeait 18 livres de bœuf par jour; il est mort avant l'âge de 29 ans et il a laissé sept enfants.

Dans l'année 1750, le 10 novembre, un anglais nommé Edouard Brimht, marchand, mourut âgé de 29 ans, à Mader en Essex; il pesait 609 livres, poids anglais, et 557 livres, poids de Nuremberg. Sa grosseur était si prodigieuse que sept personnes d'une taille médiocre pouvaient tenir ensemble dans son habit et le boutonner.

Un exemple encore plus récent est celui qui est rapporté dans la *Gazette anglaise* du 24 juin 1775, dont voici l'extrait.

M. Spones est mort dans la province de Werwick; on le regardait comme l'homme le plus gras de l'Angleterre, car, quatre ou cinq semaines avant sa mort, il pesait 649 livres. Il était âgé de 57 ans et il n'avait pas pu se promener à pied depuis plusieurs années; mais il prenait l'air dans une charrette aussi légère qu'il était pesant, attelée d'un bon cheval : mesuré après sa mort, sa largeur d'une épaule à l'autre était de 4 pieds 3 pouces : il a été amené au cimetière dans sa charrette de promenade. On fit le cercueil beaucoup trop long, à dessein de donner assez de place aux personnes qui devaient porter le corps, de la charrette à l'église et de là à la fosse. Treize hommes portaient ce corps : six à chaque côté et un à l'extrémité. La graisse de cet homme sauva sa vie, il y a quelques années : il était à la foire d'Atherston où, s'étant querellé avec un juif, celui-ci lui donna un coup de canif dans le ventre ; mais la lame étant courte ne lui perça pas les boyaux, et même elle n'était pas assez longue pour passer au travers de la graisse.

On trouve encore dans les transactions philosophiques un exemple de deux frères, dont l'un pesait 35 stones, c'est-à-dire 490 livres, et l'autre 34 stones, c'est-à-dire 476 livres.

Nous n'avons pas d'exemples en France d'une grosseur aussi monstrueuse ; je me suis informé des plus gros hommes, soit à Paris, soit en province, et jamais leur poids n'a été de plus de 360 et tout au plus 380 livres, encore ces exemples sont-ils très-rares.

J'ai soigné, à Plombières, un militaire qui pesait plus de 500 livres. Il est mort à 50 et quelques années. Pour se coucher, il était forcé d'aller prendre au-dessous des genoux le bas de son ventre, qu'il jetait sur son lit, et de pirouetter ensuite sur cette masse énorme. Je fus obligé de le saigner et, pour atteindre la veine céphalique, j'enfonçai la lame de ma lancette de toute sa longueur.

Faut-il, comme les modernes le conseillent, se borner, dans des cas semblables, à prescrire un peu plus d'exercice et une alimentation moins abondante? Mais ces moyens, quelque bons qu'ils soient, sont presque toujours insuffisants.

En effet, l'obésité ne dépend pas, il s'en faut bien, de ce que les malades mangent trop. Beaucoup d'obèses mangent au contraire très-peu, tandis que nous voyons souvent des personnes maigres manger beaucoup. Celles-là, dit le vulgaire, ont le foie chaud, et, comme cela arrive assez souvent, le vulgaire est très-près de la vérité. Ces grands mangeurs ont des selles abondantes, ils ont aussi la respiration et la transpiration très-actives. Les obèses, au contraire, ne brûlent pas assez du carbone et de l'hydrogène absorbés par les voies digestives, et qui se déposent sous forme de graisse dans les mailles du tissu cellulaire : il ne faut donc pas se borner alors à diminuer la quantité des aliments ; il faut encore repousser ceux que nous appelons de respiration, et choisir parmi ceux qui sont riches en azote et qui peuvent se convertir facilement en proteine et en tissus animaux : il faut donc les prendre parmi les aliments plastiques.

Chez les anciens, l'expérience remplaçait souvent les données de la science moderne, aussi défendaient-ils aux personnes trop grasses les aliments hydro-carbonés : « Pulmentum vero, alicam, amylum, lac, nucleos, cerebrum, ova, pisces autem teneros vel pinguia quæque reprobamus » dit Cœlius Aurelianus, en parlant du traitement des obèses. J'excepterais de cette proscription les œufs, le lait écrémé et les poissons tendres, mais maigres. Le même auteur conseille aux obèses du pain rassis, fait avec la farine et les sons du froment, afin que l'on en mange moins, puis de la viande noire et même de la chair de porc, mais salée et vieillie : « Porcina ex deposito, hoc est longo tempore siccata », les aliments de haut goût et les légumes qui excitent à uriner, tels que les asperges, les panais, l'ache, le fenouil, les poireaux et autres semblables.

Pour activer les fonctions de la peau , il conseillait encore aux obèses tous les exercices du corps, les courses en voiture , l'équitation, les voyages , les frictions sèches , les lectures à haute voix , la déclamation , les bains de soleil, les étuves sèches, les lotions alternativement chaudes et froides.

Un grand nombre d'obèses, tout en mangeant peu, boivent beaucoup, les uns de la bière , les autres du vin , ceux-là de l'eau pure. Toutes ces boissons absorbées par le tube intestinal , augmentent nécessairement le volume du sang. Si vous buvez trois litres d'eau , de vin ou de bière, avant qu'ils soient rejetés par les reins, la peau et les poumons , ils sont arrivés dans ces derniers organes après s'être mélangés au sang. Mais, en étendant le sang, ils diminuent nécessairement la quantité réelle de celui qui doit arriver dans les poumons à chaque inspiration, ils diminuent par conséquent aussi la quantité d'oxygène absorbée et par suite la combustion des matières hydro - carbonées dans nos tissus. Les boissons abondantes, de quelque nature qu'elles soient, sont donc une cause active, puissante de respiration imparfaite , d'obésité et de vieillesse hâtive.

On modifiera le régime des obèses en suivant les gradations que la prudence indique. On leur prescrira du pain très-rassis et même *autopyre*, comme les grecs appelaient le pain mêlé de sons, le pain de munition d'aujourd'hui , afin qu'ils en mangent moins. On leur donnera du bouillon de viande , de la viande noire , dépouillée de sa graisse et rôtie, quelques-uns des légumes conseillés par Cœlius Aurelianus cuits au gras; on leur interdira l'usage habituel des mets sucrés, féculents, gommeux, le beurre, l'huile et les autres graisses. Leurs mets seront suffisamment épicés, et surtout suffisamment salés, afin que la soude abonde dans nos humeurs et que le foie puisse fabriquer une quantité suffisante de bile et fournir ainsi à une combustion active à l'aide de l'oxygène inspiré.

Les obèses, je viens de le dire, devront donc peu boire. On leur donnera de préférence du vin âpre : « Vinum parvum dabimus, mediocriter asperum. » Il tendra à diminuer l'absorption du tube intestinal.

On prescrira aux obèses des veilles aussi prolongées que possible. Le séjour au lit, quand il dépasse sept heures, diminue la transpiration et la respiration, ou l'oxygénation du sang, ainsi que nous avons eu déjà l'occasion de le dire, il ne peut qu'augmenter la formation de la graisse et qu'ajouter au mal que nous avons à combattre.

Les obèses doivent rechercher un air pur et éviter soigneusement l'atmosphère enfumée et puante des tabagies, qui diminue si puissamment tout à la fois la transpiration et la respiration, qui use et vieillit rapidement les poumons et l'économie entière.

Les obèses doivent se livrer surtout à un exercice soutenu, en rapport avec leurs forces ; rappelons ici ce que dit Galien de la condition indispensable d'un utile exercice : « Quando in quibus motibus nulla fit anhelitus mutatio, hos nondum exercitationes vocamus ; quod si quis majus, minusve, celerius aut crebrius, jam ex motu aliquo respirare cogitur, huic certe tantus motus exercitatio fuerit. » Ainsi l'exercice, pour être utile, doit activer la respiration, c'est-à-dire faire brûler par les poumons et par le reste de l'économie, dans le même espace de temps, une plus grande quantité de carbone et d'hydrogène.

Quand les obèses le peuvent encore, il faut que, très-chaudement vêtus, ils marchent avec vitesse et assez longtemps pour revenir chez eux baignés de sueur. C'est le plus actif des moyens que l'on emploie en Angleterre, pour préparer les boxeurs et les jockeys, et pour les faire promptement diminuer de volume quand ils sont devenus trop gras.

La culture d'un jardin est un exercice convenable aussi pour eux : « Fodere ergo valens robustaque exercitatio est » nous dit Galien. Si la marche n'est plus facile à nos malades, s'ils ne peuvent plus se livrer à beaucoup d'exercice, on peut se borner d'abord à leur faire élever des poids proportionnés à leurs forces; n'oublions pas non plus le ballon de Zadig et du seigneur Ogul. Faisons lire nos obèses à haute voix, qu'ils déclament avec action, qu'ils fassent de grands mouvements des bras, qu'ils conduisent des chevaux ardents et difficiles. Qu'ils se livrent autant que possible à tous les exercices du gymnase antique, exercice, comme nous l'avons vu déjà, de la plus grande utilité à tous les hommes, au double point de vue de la force et de l'adresse d'une part et de la santé de l'autre : répétons ici que l'exercice doit toujours être prescrit avec prudence et ne jamais aller jusqu'à une extrême fatigue. Il faut ajouter à tous ces moyens de longues et fortes frictions. Nous en avons vu l'utilité au chapitre que j'ai cru devoir leur consacrer. « Multa frictione, dit Hippocrate, extenuari, mediocri crassescere. »

« Etiam a plurimis erit corpus confricandum, ut

duobus ministris ab humeris latera et aliis duobus ab inguinibus crura » dit Cœlius Aurelianus.

Pendant leur traitement, les obèses devront recourir souvent à la balance de Sanctorius, qui leur apprendra ce qu'ils ont gagné ou perdu, et qui fournira à leur médecin les plus utiles indications.

Qu'un obèse perde par semaine une livre de son poids et, sans courir aucun risque, il arrivera dans un temps assez court à un poids normal. J'ai connu un obèse qui pesait 300 livres et qui, dans l'hiver de 1816 à 1817, avait, sous l'empire de la faim amenée par la misère, diminué de 150 livres : quand le pain revint à bon marché, il retrouva bientôt son poids ancien, ayant conservé l'habitude de manger trop, de boire de même et de peu travailler. Je connais un grand nombre de goutteux gras à lard, se traînant à peine sur leurs pieds endoloris, ayant la respiration courte et une foule d'autres incommodités des plus pénibles ; s'ils voulaient se soumettre au régime dont j'ai tracé les bases dans ce chapitre, ils échapperaient facilement à tant d'infirmités et de douleurs, et ils prolongeraient beaucoup ainsi leur existence.

Une fois revenus à des dimensions ordinaires, il faudra que les obèses continuent toujours, quoiqu'avec moins de sévérité peut-être, l'emploi des moyens que nous venons de passer en revue. Ils devront aussi, comme les goutteux et tous ceux qui n'aiment pas à vieillir vite, recourir souvent aux bains électriques, aux bains de soleil et quelquefois aux bains de vapeur. Mais ces soins leur seront devenus bien faciles, par la puissance de l'habitude contractée et par la satisfaction des résultats obtenus. On hérite des dispositions à l'obésité ; mais avec du courage et de la persévérance on en triomphe toujours.

CHAPITRE XVII.

Des Passions.

Les moralistes se sont souvent élevés contre les passions humaines, et ceux qui parlaient d'elles au nom de la religion, les ont toujours condamnées. Médecin et physiologiste, nous devons les admettre comme un fait humain consenti, voulu par Dieu lui-même, et qui sera d'autant mieux accepté, d'autant plus utile, plus profitable à l'homme que notre milieu social sera plus parfait, plus en harmonie avec tous les besoins, toutes les tendances qui ressortent de notre nature.

Offrir à l'homme une longue vie en échange de l'abandon complet de ses passions, ce serait lui demander l'impossible. Les passions sont inhérentes à son être ; tout ce que nous pouvons obtenir de lui, tout ce que nous devons chercher à en obtenir, c'est qu'il apprenne à les régler. Sa santé et son bonheur sont à ce prix. « C'est folie de penser à vivre longtemps et avoir beaucoup de passions déréglées, ambition, avarice, vengeance, etc. » dit Guy Patin. Il est des passions grandes et nobles, elles ont le désintéressement pour base, ce sont les filles du ciel. Le dévouement aux intérêts de l'humanité entière, l'amour de son pays et de la liberté, la charité qui nous porte à tous les sacrifices en faveur de nos frères malheureux : ces passions-là ne les combattons jamais ! heureux et bénis soient ceux qu'elles inspirent ; Dieu veuille les accorder à beaucoup parmi nous ! « Mes bien-aimés, aimons-nous l'un l'autre, car la charité est de Dieu, et quiconque aime son prochain est né de Dieu et connaît Dieu » dit l'apôtre Saint-Jean.

Toutes les passions fortes, et principalement les passions égoïstes usent promptement la vie, aussi devons-nous chercher avec soin à diminuer leur violence et suivre en cela le conseil de Montaigne : « Si votre affection en l'amour est trop puissante, dissipez-la, disent-ils et disent vrai, car je l'ai souvent essayé avec utilité ; rompez-la à divers désirs dès quels il y en ait un Régent et maître si vous voulez ; mais de peur qu'il ne vous tourmente et tyrannise, affaiblissez-le, séjournez-le en le divisant et divertissant, et pourvoyez-y de bonne heure, de peur que vous n'en soyez en peine s'il vous a une fois saisi. Je feus autrefois touché d'un puissant déplaisir, selon ma complexion, et, encore plus juste que puissant, je me feusse perdu à l'adventure si je m'en feusse simplement fié à mes forces. Ayant besoing d'une véhémente diversion pour m'en distraire, je me feis par art amoureux et par estude ; à quoy l'aage m'aydoit : l'amour me soulagea et retira du mal qui m'estoit causé par l'amitié. Partout ailleurs de mesme : une aigre imagination me tient, je trouve plus court que de la dompter, la changer ; je luy en substitue, si je ne puis une contraire, aumoins un'autre : toujours la variation soulage, dissout et dissipe. Si je ne puis la combattre, je lui eschappe ; et en la fuyant, je tournoye, je ruse : muant de lieu d'occupation, de compaignie, je me sauve dans la presse d'autres amusements et pensées où elle perd ma trace et m'esgare. »

Les Stoïciens voulaient que nous fussions toujours maîtres absolus de nos passions :

« Mens immota manet; lacrymæ volvuntur inanes. »

dit Virgile. Leur philosophie est bien moins appropriée à la faiblesse de notre nature que celle de Montaigne, elle nous expose à être presque toujours vaincus dans les luttes auxquelles elle nous condamne.

« Passio enim non medicinis, sed alia passione contraria superatur » dit Sanctorius.

L'influence des passions sur les organes ne se borne pas à des sensations passagères, qui ne laissent qu'un peu de fatigue à leur suite. En effet, si la colère et la joie activent les fonctions de la peau, si la tristesse et la crainte les ralentissent, ces changements amènent facilement de longs et souvent d'irréparables désordres. « La grande influence, dit Cabanis, de ce qu'on appelle le moral sur ce qu'on appelle le physique, est un fait général incontestable; des exemples sans nombre la confirment chaque jour, et tout homme capable d'observer en a retrouvé mille fois les preuves en soi-même. Plusieurs auteurs de physiologie et plusieurs moralistes, ont recueilli les traits les plus capables de mettre dans tout son jour cette puissance des opérations intellectuelles et des passions, sur les divers organes et sur les diverses fonctions du corps vivant. » « Magis nocet, dit Sanctorius, nimius animi affectus quam nimius corporis motus. » Que de maladies résultent du dérèglement de nos passions ! J'ai vu la colère produire la goutte, l'apoplexie, la folie. « Nam ira furor est unde pars appetens animi sic irritatur ut sine ratione et consilio nihil bene agat, hinc iram *oligochronion manian* dixerunt : potest tamen in verum furorem ac persistantem degenerare » dit Martin Pansa.

Galien, chez lequel on trouve tant de choses et de bonnes choses, nous raconte en ces termes, comment la vue d'un homme rendu furieux par la colère, le guérit de ce vice, vice honteux parce qu'il dépose du peu d'empire que nous avons sur nousmêmes, honteux aussi parce qu'il condamne au malheur toutes les personnes qui vivent avec nous : « Ego autem, cum adhuc puer hæc audivissem, et quodam tempore hominem vidissem cui nimia festinatione conanti aperire ostium, res ex sententia non successerat, et ob eam rem iratus, clavem mordebat, calcibusque fores percutiebat, atque in deos convicia jactabat, oculis instar eorum efferatis qui in furias evaserunt, ac prope modum ex ore spumam emittebat, ut apri solent, tum ejusmodi odium adversus iracundiam concepi, ut nunquam postea quisquam me ob talem affectum tristiorem viderit. »

Martin Pansa, dans son *Aureus libellus, de proroganda vita*, a consacré plusieurs chapitres à l'étude de l'influence des passions et de leur traitement, quand elles sont portées à l'excès, car toutes alors abrégent beaucoup la vie. « Mœstitia magnorum morborum nefanda est causa, dit-il, præterea non paucos invenias qui, timore exanimati, contumaces morbos incurrunt.... Sic lætitia nobiliores vitæ thesauros producit ac instaurat... Excessus gaudii, maxime in senibus et aliis qui imbecillo ac tenui sunt corpusculo, non caret periculo... Furtum committit avarus, per fas et nefas bona conglomerans..... Avarus est maledictus, homicida et sordidus homuncio... Quemadmodum veneris usus legitimus, justus ac moderatus, ad prosperam valetudinem magnam vim habet atque efficaciam, ita, si immoderatus fuerit, multorum malorum occasio existit. »

Toutes les passions portées à l'excès sont donc dangereuses, toutes hâtent l'arrivée de la vieillesse et des infirmités sans nombre qu'elle traîne à sa suite; mais les passions que le sexe développe sont peut-être celles qui causent le plus de maux, et souvent, par suite de l'ignorance, ou une fausse modestie laisse la jeunesse, à l'époque où elle aurait surtout besoin de connaître les écueils qui l'environnent, et qui lui préparent parfois de si longs, de si amers regrets. « Je penserais même, dit Jean-Jacques Rousseau, que des réflexions sur la véritable pureté du discours et sur la fausse délicatesse du vice, pourraient tenir une place utile dans les entretiens de morale où ce sujet nous conduit; car en apprenant le langage de l'honnêteté, il doit apprendre aussi celui de la décence, et il faut bien qu'il sache pourquoi ces deux langages sont si différents. Quoiqu'il en soit, je soutiens qu'au lieu des vains préceptes dont on rebat, avant le temps, les oreilles de la jeunesse, et dont elle se moque à l'âge où ils seraient de raison; si l'on attend, si l'on prépare le moment de se faire entendre; qu'alors on lui expose les lois de la nature dans toute leur vérité; qu'on lui montre la sanction de ces mêmes lois dans les maux physiques et moraux qu'attire leur infraction sur les coupables ; qu'en lui parlant de cet inconcevable mystère de la génération, l'on joigne à l'idée de l'attrait que l'auteur de la nature donne à cet acte, celle de l'attachement exclusif qui le rend délicieux, celle des devoirs de fidélité, de pudeur, qui l'environnent et qui redoublent son charme en remplissant son objet ; qu'en lui peignant le mariage, non-seulement comme la plus douce des sociétés, mais comme le plus inviolable et le plus saint de tous les contrats, ou lui dise avec force toutes les raisons qui rendent un nœud si sacré respectable à tous les hommes, et qui couvrent de haine et de malédictions quiconque ose en souiller la pureté ; qu'on lui fasse un tableau frappant et vrai des horreurs de la débauche, de son stupide abrutissement, de la pente insensible par laquelle un premier désordre conduit à tous, entraîne enfin celui qui s'y livre à sa perte ; si, dis-je, on lui montre avec évidence comment, au goût de la chasteté, tiennent la santé, la force, le courage, les vertus, l'amour même et tous les vrais biens de l'homme, je soutiens alors qu'on lui rendra cette même chasteté désirable et chère, et qu'on trouvera son esprit docile aux moyens qu'on lui donnera pour la conserver : car tant qu'on la conserve on la respecte ; on ne la méprise qu'après l'avoir perdue. »

« L'influence immense des passions sur l'économie animale ne saurait être contestée, dit Rostan ; ces agents tout puissants, dont les effets sont encore désignés sous le nom d'influence du moral sur le physique, produisent les plus grands maux et les plus grands biens. Ils exercent les plus grands ravages dans le corps humain ou réparent les plus profonds désordres. Des milliers d'exemples attestent que les passions ont produit, non - seulement toutes les maladies, mais même la mort, et des faits, moins nombreux à la vérité, ne permettent pas de douter qu'elles n'aient retiré plus d'un malheureux des portes du trépas. » Tâchons de rester toujours assez maîtres de nous-mêmes pour ne pas avoir besoin de recourir à ce dangereux remède.

CHAPITRE XVIII.

Résumé.

J'ai rappelé au commencement de ce mémoire la loi posée par Condorcet sur l'extension indéfinie de la moyenne de la vie humaine ; tout en démontre la vérité.

J'ai cité ensuite quelques-uns des hommes qui ont prolongé leur carrière beaucoup au delà du terme ordinaire ; j'ai également rapporté des exemples de rajeunissements partiels et je me suis appuyé sur eux pour montrer que, si la nature abandonnée à elle-même peut produire ces merveilles, l'art, avec toute la puissance de la science moderne, doit, s'il est bien dirigé, pouvoir imiter la nature et rendre habituel un ordre de faits qui ne reconnaît encore que l'exception pour loi. « Rien, dit Hufeland, ne nous empêche de considérer le terme le plus reculé que nous offrent les exemples connus de longévité, comme formant l'extrême limite de la vie humaine ou l'idéal de sa perfection ; comme un modèle enfin de ce dont la nature de l'homme est capable dans des circonstances favorables. » Le docteur Pr. Lucas, dans son traité philosophique et physiologique *de l'Hérédité naturelle*, dit à ce sujet : « C'est jusqu'à un certain point sous le même aspect que ces longévités extrêmes nous apparaissent. Mais nous allons plus loin que le docteur Hufeland ; nous les considérons comme un rappel à l'ordre, comme un retour spontané de la vie à son type spécifique de durée, retour d'autant plus fréquent, d'autant plus général que les circonstances lui sont plus favorables, mais qui s'accomplit en *dépit d'elles-mêmes,* si elles ne le sont pas. Si reculée enfin qu'en soit la limite, cette capacité naturelle de durée est à l'étendue de la vie dans l'espace, ce qu'est à l'amplitude de l'intelligence la capacité naturelle du génie ; elle est la plus haute, la plus vaste et la plus complète expression du type de l'espèce dans l'individu. La macrobie pour nous a le même caractère : elle a son origine première dans l'espèce, et se rapporte à l'espèce, et, à ce titre, elle n'est pas simplement normale, elle est positivement ce qu'Hufeland l'imagine, elle est le modèle, elle est l'idéal de la perfection de la vie, comme l'expression la plus intégrale dans l'être de la durée spécifique de l'existence humaine. »

Mais si ces longévités excessives sont l'idéal de la perfection de la vie humaine, le modèle de ce dont la nature de l'homme est capable, évidemment le médecin a pour tâche de se rapprocher autant que possible de cet idéal, et de faire tous ses efforts pour augmenter beaucoup le nombre des centenaires.

D'après Joncourt (galerie des centenaires), cité par le docteur Lucas, il y en a en France 170 seulement par million d'hommes, 322 en Angleterre et 4081 en Russie ! Cela tendrait à prouver à l'observateur superficiel que la condition des masses, plus heureuses en Angleterre qu'en France, le serait beaucoup plus en Russie, malgré la servitude de la glèbe, ou bien que les climats froids sont plus favorables à l'entretien de la vie humaine que les climats chauds. Mais, d'une part, Pritchard reconnaît que dans les parties de l'Inde où règne un printemps perpétuel, l'homme atteint quelquefois aux dernières limites de la vie, et la Bible nous donne, en Syrie, dans la famille d'Abraham, l'exemple de la plus grande longévité connue depuis les temps historiques.

En effet, Abraham a vécu 175 ans, Sara, sa femme, 127 ans, et leur fils Isaac, 180 ans, en tout 482 ans; tandis que la famille du hongrois Jean Rowir, au XVIIIe siècle, au rapport de Joncourt, n'aurait vécu que 451 ans, savoir : Jean Rowir 172 ans, Sara Dessen, sa femme, 164 ans, et leur fils aîné, 115 ans. Je dois dire que ce dernier vivait encore au commencement du siècle et qu'il a été perdu de vue; mais pour que sa famille pût égaler en longévité celle d'Abraham, il aurait dû vivre 146 ans. La Syrie n'est pas aussi chaude que l'Inde, mais elle l'est plus que le midi de l'Espagne, et la Hongrie est un pays chaud relativement à la plus grande partie de la Russie.

Ce n'est pas non plus à la différence de la nourriture, que l'on peut attribuer la différence de longévité dont nous nous occupons maintenant; une foule de faits le prouvent, cela ne peut tenir qu'à l'obligation où se trouve l'homme, dans les pays froids, d'être toujours chaudement vêtu et chaudement logé, tandis que, dans les régions tempérées, il se déshabille dans les saisons froides au premier rayon de soleil, recherche les courants d'air et s'expose ainsi à des refroidissements, qui arrêtent sa transpiration insensible et le tuent bien longtemps avant l'âge marqué par la nature. L'ours et le loup sont des animaux robustes, créés pour habiter les pays du nord ; ils ne résisteraient pas mieux que nous à ces alternatives de froid et de chaud ; le premier hiver tuerait les plus forts d'entre eux. Disons cependant, pour les puissants de la terre, que la misère, sous toutes ses formes, est comme le froid une cause si grave de destruction pour l'homme, qu'à nombre égal il meurt deux pauvres pour un riche. Ainsi mille riches et mille pauvres du même âge étant donnés, quand le dernier pauvre sera couché sur son lit de mort, 500 riches seront encore debout !

Jean-Baptiste Say parle ainsi des effets de la misère :

« Il est affligeant, mais il est vrai de dire que chez presque toutes les nations, surtout chez les nations nombreuses, une partie de la population périt, tous les ans, de besoin. Ce n'est pas que tous ceux qui périssent de besoin, meurent positivement du défaut de nourriture, quoique ce malheur soit beaucoup plus fréquent qu'on ne pense ; je veux dire seulement qu'ils n'ont pas à leur disposition tout ce qui est nécessaire pour vivre, et que c'est parce qu'ils manquent de quelque chose qui leur serait nécessaire qu'ils meurent.

Tantôt c'est un malade ou un homme affaibli qu'un peu de repos remettrait, ou bien à qui il ne faudrait que la consultation d'un médecin et un remède fort simple, mais qui ne peut ni prendre du repos, ni consulter le médecin, ni faire le remède.

Tantôt c'est un petit enfant qui réclame les soins de sa mère ; mais sa mère est forcée au travail par l'indigence ; l'enfant périt, ou par un accident, ou par malpropreté, ou par maladie. Sur un égal nombre d'enfants pris dans la classe aisée et dans la classe indigente, je crois qu'on s'éloignerait peu de la vérité, en affirmant qu'au bout du même espace de temps, il en sera mort dans la seconde deux fois autant que dans la première.

Enfin une nourriture trop peu abondante ou malsaine, l'impossibilité de changer souvent de linge et de se vêtir plus chaudement, de se sécher, de se chauffer, causent la mort de bien des personnes, et toutes celles qui périssent faute des moyens nécessaires pour satisfaire à ces besoins, meurent de besoin. » Il n'est donc pas vrai de dire, avec Buffon, que « la différence des nourritures et des commodités n'en fait aucune à la durée de la vie. »

Mais, me dira-t-on peut-être, si vous parvenez à augmenter beaucoup la durée de la vie, à faire de l'exception la règle, la terre ne sera-t-elle pas bientôt trop petite pour y loger les hommes, et la misère alors ne sera-t-elle pas infiniment plus grande qu'elle ne l'est aujourd'hui? Tous les économistes reconnaissent cette loi : que la population se proportionne toujours à la quantité des produits, et, quand l'art du médecin rendrait tous les hommes aussi vigoureux que Thomas Par qui, au XVIIe siècle, faisait une pénitence publique à la porte de l'église, pour avoir, à l'âge de 101 ans, fait un enfant à une fille, quand il prolongerait la fécondité de toutes les femmes aussi loin que le fut celle d'une femme de Seez, âgée de 87 ans et qui accoucha d'un fils engendré par un homme de 94 ans, ou celle de Marguerite Krobscowna et de la marchande peaucière de Moscow, l'une accouchant à 96 ans, l'autre étant féconde encore à 123 ans; malgré tout cela, la loi de la proportion de la population à la quantité des aliments n'en serait pas ébranlée, seulement ce serait la prévoyance humaine qui se chargerait de son exécution, au lieu de l'aveugle nécessité.

En étudiant les altérations qui signalent, qui constituent la vieillesse, j'ai montré, après mon frère, que c'était sur la peau qu'elles étaient d'abord et le plus fortement empreintes, et, pour me faire mieux comprendre, j'ai rapidement esquissé, à mon point de vue, les fonctions de cette vaste membrane, celles du tube digestif, des poumons, des reins et du foie.

Cet aperçu physiologique était indispensable à l'intelligence de mon sujet; sans lui, la plupart de mes lecteurs n'auraient pas attaché à l'habitation, aux vêtements, au régime, à l'exercice, aux soins de la peau, toute l'importance qu'ils réclament en vue du but à atteindre, la prolongation considérable de la vie, et j'aurais perdu mon temps et mes peines, en cherchant à les recommander en dehors des grandes lois qui nous régissent. En m'appuyant seulement sur l'empyrisme, je n'aurais pas fait plus que Cornaro et son commentateur Lessius, ou plutôt j'aurais fait bien moins qu'eux, n'ayant pas, pour entretenir les hommes des soins à donner à leur santé, l'autorité qu'avait Cornaro qui, né faible et épuisé par la débauche, ainsi qu'il le dit lui-même et que je l'ai répété, était arrivé, à moins de 40 ans, à un tel état de maladie que les plus hardis de ses médecins ne lui accordaient plus que peu de mois d'existence; cependant, sous l'influence de la sobriété seule, il parvint à rétablir promptement sa santé et à vivre plus d'un siècle.

Et cependant, si l'on se demande aujourd'hui quelle influence Cornaro a exercée sur ses contemporains et sur les générations qui ont succédé à la sienne, on doit convenir qu'elle a été bien faible ; c'est que la modération dans le boire et dans le manger est loin de pouvoir suffire à la prolongation de la vie. Cela est si vrai que l'on a vu des ivrognes arriver à un âge très-avancé, tel l'irlandais Brawn dont l'ivresse dura tout un siècle, et sur la tombe duquel on lit cette curieuse et caractéristique épitaphe : « Sous cette pierre git Brawn qui, par la seule vertu de la bière forte, sut vivre 120 hivers. Il était toujours ivre et, dans cet état, si redoutable, que la mort elle-même le craignait ; un jour que, malgré lui, il se trouvait rassis, la mort devenue plus hardie l'attaqua et triompha de cet ivrogne sans pareil. » (Ch. Joncourt, *Galerie des centenaires.*) Tels aussi le docteur Boudini, Camoux, Catherine Raymond de Montesquiou, centenaires qui conservèrent, jusqu'à leur dernier jour, un appétit extraordinaire (*Op. cit.*); mais ces gourmands, ces ivrognes auraient vécu bien davantage, sous la salutaire égide de la sobriété et de l'application de toutes les lois de l'hygiène.

Ce que j'ai dit du rôle de l'électricité dans la vie sera, je le sais, contesté par un certain nombre de mes lecteurs ; mais tous ceux qui, sans idées préconçues, voudront creuser, approfondir cet important sujet, se rallieront, je n'en doute pas, à ma manière de voir et aideront puissamment ainsi aux progrès de la médecine.

C'est très-sérieusement que je crois l'électricité assez puissante pour réveiller dans leur bulbe les

germes endormis de la dent et des cheveux, et pour
rendre à ces derniers l'abondance et la couleur de
la jeunesse; je la crois assez puissante aussi pour
rajeunir l'économie entière ; l'histoire de l'amiral
Cochrane et les faits curieux dus à M. Kaltenbrenner
n'en sont-ils pas la preuve?

Les médecins qui me liront comprendront facilement tout le parti que l'on peut tirer des frictions
et de la gymnastique, si justement estimées des
anciens. Ils comprendront aussi qu'ils doivent considérer comme des malades les hommes qui vieillissent,
s'informer avec soin de leurs habitudes et leur donner
enfin les conseils nécessaires pour ralentir la marche
de la vieillesse, dont tout le monde se plaint et à
laquelle on ne sait rien opposer.

Ce que je dis du sommeil d'hiver et du sommeil
d'été de certains animaux, et de la possibilité de
produire artificiellement ce curieux phénomène, à
l'aide, peut-être, de l'enduit imperméable du docteur
Fourcault, ou bien à l'aide du chloroforme ou d'autres
substances éthérées, paraîtra sans doute bien hasardé.
Il y a cependant beaucoup moins loin de l'état actuel
de la science à ce résultat, qu'il n'y avait loin, au
temps de l'immortel auteur de *Peau d'Ane*, de la
Belle au bois dormant et de la *Colonnade du Louvre*,
entre les affreuses tortures des opérations chirur-
gicales, et le sommeil profond et bienfaisant des
agents anésthésiques qui savent anéantir pour nous
ces tortures.

J'ai plus d'une fois répété, dans le cours de ce
travail, combien il était nécessaire de ne procéder
qu'avec une sage lenteur aux réformes dans les

habitudes des hommes qui vieillissent, quand ces réformes sont devenues indispensables.

Il faut n'exagérer jamais aucun des moyens indiqués, et ne pas perdre de vue que toute impression très-forte use la vie, quel qu'en soit le résultat immédiat.

Arrivé au terme du travail que je m'étais imposé, je sais plus que personne combien je suis resté au-dessous de mon sujet. Mais si, malgré son imperfection, mon œuvre est favorablement accueillie par mes confrères, je profiterai des observations qu'ils voudront bien me faire et des résultats de mon expérience pour la rendre plus digne de notre époque. Dans tous les cas je serais largement indemnisé de mes veilles, quand elles ne feraient qu'appeler l'attention du monde savant sur la vieillesse, ses infirmités nombreuses et sur les moyens de lutter victorieusement contre elles : je dis victorieusement, le moindre succès étant une grande victoire, quand on n'a guère pu jusque-là enregistrer que des défaites.

ERRATA.

Avant-propos. Page viij, ligne 15, *au lieu de :* est, *lisez :* esse.

Page   7, ligne 16, *au lieu de :* statistique, *lisez :* statique.

—   69,   —   6, *au lieu de :* $3/8^{es}$, *lisez :* $5/8^{es}$.

—   69,   —   26, *au lieu de :* de leur vie, *lisez :* de la vie.

— 102,   —   16, *au lieu de :* très-rares, *lisez :* très-rares. »

— 105,   —   4, *au lieu de :* dans nos, *lisez :* dans leurs.

— 106,   —   23, *au lieu de :* exercice, *lisez :* exercices.

— 112,   —   30, *au lieu de :* raison, *lisez :* saison.

TABLE DES MATIÈRES.

9 782016 146552